New
The 바른
헝가리어
첫걸음

저자 | Kiss Tamara (키쉬 타마라)

초판인쇄	2018년 7월 20일
2 판 2 쇄	2023년 10월 1일

지 은 이	Kiss Tamara (키쉬 타마라)
펴 낸 이	임승빈
편집책임	정유항, 김하진
편집진행	송영정
디 자 인	다원기획
일러스트	손도영
마 케 팅	염경용, 이동민, 이서빈

펴 낸 곳	ECK북스
주 소	서울시 마포구 창전로2길 27 [04098]
대표전화	02-733-9950
홈페이지	www.eckbooks.kr
이 메 일	eck@eckedu.com
등록번호	제 2020-000303호
등록일자	2000. 2. 15

I S B N	978-89-92281-97-3
정 가	18,000원

* ECK북스는 (주)이씨케이교육의 도서출판 브랜드로, 외국어 교재를 전문으로 출판합니다.
* 이 책의 모든 내용, 디자인, 이미지 및 구성의 저작권은 ECK북스에 있습니다.
* 출판사와 저자의 사전 허가 없이 이 책의 일부 또는 전부를 복제, 전재, 발췌하면 법적 제재를 받을 수 있습니다.
* 잘못된 책은 구입하신 서점에서 교환해 드립니다.

저자의 말

　헝가리는 유럽 중부 내륙에 위치하고 있는 작은 나라로, 1987년에 수도 부다페스트가 세계에서 아름다운 수도로 유네스코 지정 세계인류문화유산에 등재되었다. 헝가리는 다른 동유럽 국가처럼 과거 소련의 영향으로 사회주의 국가였다. 1989년에 한국 정부는 소위 동구권 국가들 중에는 최초로 헝가리와 정식 외교관계를 맺었다. 이후 헝가리와 한국 사이에는 외교, 정치, 경제 분야뿐만 아니라 교육과 문화 분야에서 수많은 교류가 이루어졌다. 21세기에 들어 각 분야, 특히 관광 영역에서 한국과 헝가리 간의 교류는 지속적으로 증가하고 있다. 일년 내내 즐길 수 있는 온천 문화, 한국인의 입맛에 맞는 음식, 와인, 멋진 야경과 건물, 역사유적, 자연 경치 등 헝가리의 색다른 볼 거리와 즐길 거리로 인해 헝가리를 찾는 한국인 관광객은 매년 빠른 속도로 늘어나고 있다.

　헝가리어는 헝가리의 국어이며, 다른 유럽 언어와 다르게 우랄어족에 속한다. 어순과 어휘는 유럽계 언어와는 뿌리 관계가 거의 없어서 많이 다르며, 교착어이다. 헝가리어는 약 1천 6백만 명 이상이 사용하고 있으며, 그 중 1천만 명이 헝가리에 거주하고 있다. 나머지는 루마니아, 슬로바키아, 우크라이나, 오스트리아, 세르비아 등 인근 국가에 살고 있다. 기본적으로 라틴 문자를 사용하는 언어이다.

　1989년부터 한국과 헝가리 간의 상호교류가 갈수록 확대되고 있으며, 이후 지속적인 관계 개선을 위해서는 무엇보다 서로에 대한 이해가 필요하다. 양국이 무역, 투자, 문화 교류에 있어서 중요한 파트너로 부각되는 상황에서 〈New The 바른 헝가리어 첫걸음〉의 출간은 그래서 중요한 의미가 있다.

　〈New The 바른 헝가리어 첫걸음〉은 헝가리어를 배우려는 한국인을 위한 기초 단계의 책으로 초급 단계에서 꼭 알아야 할 주제를 중심으로 썼으며 이와 함께 필수적인 어휘와 문법을 소개함으로써 헝가리어에 대한 이해를 넓히고자 하였다. 동유럽 지역 주재원 파견을 앞두고 계신 분, 헝가리 여행을 위해 다양한 회화 표현을 익히고자 하는 학습자, 제 2외국어로 헝가리어를 택한 수험생, 헝가리어 공부를 시작하려는 초급 학습자들을 위해 헝가리어 알파벳과 발음을 익힌 후 총 15과로 구성된 본문에서 현재 헝가리에서 쓸 수 있는 기초 표현, 어휘, 문법을 학습하도록 구성하였다. 또한 처음 헝가리어를 접하는 학습자가 쉽게 읽고 말할 수 있도록 알파벳 읽기 연습부터 문장 구조 연습까지 탄탄하게 구성했으며, 배운 내용을 문장을 통해 습득할 수 있도록 다양한 예문과 연습문제들을 실었다. 편의를 위해 헝가리어 발음을 한글로 표시했지만 헝가리어 실제 발음과 다소 차이가 있으니 꼭 MP3 파일을 들으며 발음을 익히기를 추천한다. 〈New The 바른 헝가리어 첫걸음〉이 헝가리어를 배우려는 학습자들이 기초를 탄탄히 쌓는 데 도움이 되었으면 하는 바람이다.

저자 Kiss Tamara

CONTENTS

이 책의 구성과 특징

「**New The** 바른 헝가리어 첫걸음」은 헝가리어를 처음 공부하는 입문 학습자들이 효과적으로 학습할 수 있도록 다음과 같이 구성하였습니다.

예비학습

헝가리어 알파벳과 발음, 발음현상, 강세, 억양, 어순 등 헝가리어 학습에 필요한 필수 기본 내용들을 정리했습니다. 본학습에 앞서 반드시 먼저 숙지하세요.

회화

다양한 주제별 대화문을 통해 기초 생활 표현 및 어휘를 학습합니다. mp3 파일을 들으며 발음도 같이 익혀 보세요.

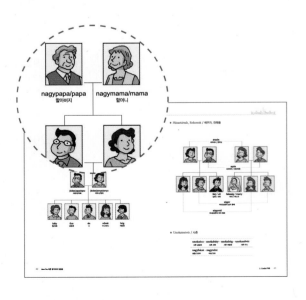

어휘

대화의 주제와 관련된 다양한 어휘를 학습합니다. 헝가리에서 생활하거나 여행할 때 알아두면 좋을 다양한 기초 어휘를 mp3 파일을 들으며 익혀 보세요.

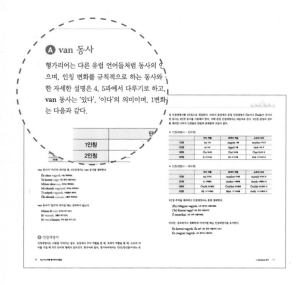

문법

대화문에 나오는 주요 문법을 학습합니다. 초급 단계에서 알아야 하는 기초 필수 문법을 다양한 예문과 함께 알기 쉽게 정리했습니다.

연습문제

문법, 어휘, 읽기, 쓰기 등 다양한 형식의 문제풀이를 통해 학습을 마무리합니다.

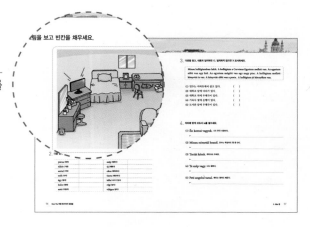

MP3 다운로드 방법

본 교재의 MP3 파일은 www.eckbooks.kr에서 무료로 다운로드 받을 수 있습니다.

QR코드를 찍으면 다운로드 페이지로 이동합니다.

헝가리어 알파벳과 발음 등 본학습에 앞서 먼저 학습해야 하는 기본 내용들을 알아보겠습니다.

예비학습

A a	Á á	B b	C c	Cs cs	D d	Dz dz
[어]	[아]	[베]	[쩨]	[체]	[데]	[제]
Dzs dzs	E e	É é	F f	G g	Gy gy	H h
[쥐]	[애]	[에-이]	[애프]	[게]	[제]	[하]
I i	Í í	J j	K k	L l	Ly ly	M m
[이]	[이-]	[예]	[카]	[앨]	[앨 입실론]	[앰]
N n	Ny ny	O o	Ó ó	Ö ö	Ő ő	P p
[앤]	[애니]	[오]	[오-]	[외]	[외-]	[페]
Q q	R r	S s	Sz sz	T t	Ty ty	U u
[쿠]	[애르]	[애쉬]	[애쓰]	[떼]	[테]	[우]
Ú ú	Ü ü	Ű ű	V v	W w	X x	Y y
[우-]	[의]	[으-]	[베]	[두프러 베]	[익스]	[입실론]
Z z	Zs zs					
[제]	[쥐]					

▨ 모음 (단모음: a, e, i, o, ö, u, ü 장모음: á, é, í, ó, ő, ú, ű)

▨ 자음 ▨ 외래어 자음

❷ 모음

MP3 00-2

모음	발음	예시 단어	뜻
a	[어]	alma [얼머]	사과
á	[아:]	ág [아그]	가지
e	[애]	egér [애게이르]	쥐
é	[에:이]	éjfél [에이페일]	자정
i	[이]	iskola [이쉬콜러]	학교
í	[이:]	íz [이-즈]	맛
o	[오]	olaj [올라이]	기름
ó	[오:]	ókor [오-코르]	고대
ö	[외]	ökör [외쾨르]	황소
ő	[외:]	ősz [외-쓰]	가을
u	[우]	unoka [우노커]	손자
ú	[우:]	úriember [우-리앰배르]	신사
ü	[으]	üdítő [으디퇴]	음료수
ű	[으:]	űr [으-르]	우주

❸ 자음

MP3 00-3

자음	발음	예시 단어	뜻
b	[ㅂ]	bárány [바라니]	양
c	[ㅉ]	cápa [짜퍼]	상어

cs	[ㅊ]	csónak [초너크]	보트
d	[ㄷ]	dal [덜]	노래
dz	[ㅈ]	bodza [보저]	덧나무
dzs	[쥐]	dzsem [잼]	잼
f	[ㅍ]	fénykép [페이니케이프]	사진
g	[ㄱ]	gólya [고여]	황새
gy	[ㅈ]	gyűrű [즈-르-]	반지
h	[ㅎ]	hegedű [해개드]	바이올린
j	[이]	jég [예그]	얼음
k	[ㅋ]	kabát [커바트]	코트
l	[ㄹ]	levél [래베일]	편지
ly	[이]	lyukas [유커쉬]	구멍이 난
m	[ㅁ]	ma [머]	오늘
n	[ㄴ]	nő [뇌]	여자
ny	[니]	nyereg [내래그]	안장
p	[ㅍ]	patak [퍼터크]	실개천
r	[ㄹ]	repülő [래프뢰]	비행기
s	[쉬]	sál [샬]	목도리
sz	[ㅆ]	szoba [쏘버]	방
t	[ㄸ]	tél [테일]	겨울
ty	[ㅌ]	kutya [쿠터]	개
v	[ㅂ]	vállfa [발퍼]	옷걸이
z	[ㅈ]	zene [재내]	음악
zs	[쥐]	zsák [쟈크]	자루

● 외래어 자음

헝가리어 알파벳 중 q, w, x, y는 외래어에서 온 자음으로, 헝가리 고유 성 및 외래어 표기에 자주 쓰인다.

자음	발음	외래어	발음
q	[kv]	quiz 퀴즈	[kvíz]
w	[v]	watt 와트	[vatt]
x	[ksz]	taxi 택시	[takszi]
y	[j]	yacht 요트	[jacht]

● 전통 철자

헝가리 성이나 지명은 가끔씩 전통 철자를 따라 쓴다. 전통 철자는 헝가리어 발음과 조금 다른데, 차이는 다음과 같다.

전통 철자	발음	예시	발음
w	[v]	Werbőczy	[verbőci]
y	[i]	Buday	[budai]
ch	[cs]	Madách	[madács]
ts	[cs]	Tsétsi	[csécsi]
cz	[c]	Rákóczi	[rákóci]
th	[t]	Kossuth	[kossut]
eö	[ö]	Eördögh	[ördög]
gh	[g]	Verseghy	[versegi]

헝가리어 자음은 단자음과 장자음으로 구별할 수 있다. 장자음은 단자음을 반복해서 쓰며, 단자음보다 발음을 두 배 정도 길게 한다.

ép-éppen 건강한, 무사한 – 바로, 마침   kéz-kézzel 손 – 손으로

자음 cs, gy, ly, ny, sz, ty, zs 의 경우에는 첫 번째 자음만 반복하여 쓴다.

cs-ccs   gy-ggy   ly-lly   ny-nny   sz-ssz   ty-tty   zs-zzs

megygy   (X)   → meggy 앵두

aszszony   (X)   → asszony 여성, 부인

         🔘 MP3 **00-4**

형가리어의 모음은 후설 모음, 전설 모음, 원순 모음으로 나눌 수 있다. 형가리어는 단어와 접미사가 결합하여 문법적인 기능을 보이는 경우가 많은데, 이때 후설 모음은 후설 모음끼리, 전설 모음은 전설 모음끼리, 원순 모음은 원순 모음끼리 결합하는 성질이 있다.

후설 모음 (혀의 뒷부분이 입천장과 가까워지며 발음되는 모음)	a, á, o, ó, u, ú
전설 모음 (혀의 앞부분이 입천장과 가까워지며 발음되는 모음)	e, é, i, í, ö, ő, ü, ű
원순 모음 (입술이 동그랗게 되면서 발음되는 모음)	ö, ő, ü, ű

격조사 –val(후설 모음 격조사), –vel(전설 모음 격조사)

    후설 모음어: autó + val → autóval [어우토벌] 자동차를 타고

    전설 모음어: bicikli + vel → biciklivel [비치클리벨] 자전거를 타고

처소격 조사 –ban(후설 모음 격조사), –ben(전설 모음 격조사)

    후설 모음어: ház + ban → házban [하즈번] 집에서

    전설 모음어: kert + ben → kertben [캐르트밴] 정원에서

마지막 모음이 원순 모음, 전설 모음인 단어에 원순 모음, 전설 모음으로 된 접미사가 접속하는 경우도 있다.

1. 합성어의 경우에는 뒤에 있는 단어에 따라 판단한다.

    szabadidő [서버디드] : szabad + idő (원순) + 전설 모음 접미사

    szabadidő + vel → szabadiővel [서버디드웰] 자유시간으로

2. 전설 모음과 후설 모음이 섞여 있는 단어는 마지막 모음에 따라 판단한다.

    – 마지막 모음이 후설 모음이면 그 단어는 후설 모음어다.

      elefánt + 후설 모음 접미사

      elefánt + val → elefánttal [앨애판떨] 코끼리를 타고/ 코끼리와 함께

– 마지막 모음이 (원순) 전설 모음이면 그 단어는 (원순) 전설 모음어이다.

szitakötő + 전설 모음 접미사

szitakötő + vel → szitakötővel [시터쾨퇴밸] 잠자리와 함께

– 마지막 모음이 i, í 인 경우에는 그 앞에 있는 모음에 따라 판단한다.

kefir + 전설 모음 접미사: kefir + vel → kefirrel [캐피르로] 케피르로

radír + 후설 모음 접미사: radír + val → radírral [러디럴] 지우개로

– 마지막 모음이 é인 경우는 단어에 따라 다르지만 후설 모음어가 되는 경우가 많다.

húsvét + 후설 모음 접미사: húsvét + ot → húsvétot [후쉬베이토트] 부활절을

– 마지막 모음이 e인 경우는 어느 쪽이든 상관없는 경우가 많다.

történet + 전설 모음 접미사: történet + ben → történetben [퇴르테이내트밴] 이야기에서

❺ 자음 동화

 MP3 00-5

자음 동화는 자음이 나란히 이웃할 때 발음을 쉽게 하기 위해 두 자음의 발음이 서로 비슷해지거나 하나의 소리로 합쳐지는 현상을 말한다.

● 자음 + j

d + j → [gy]	mondja → [mongya] 그는 말하다
gy + j → [ggy]	fogyjon → [foggyon] 줄어라
l + j → [jj]	szálljon → [szájjon] 날아라
ly+ j → [jj]	folyjon → [fojjon] 흘러라
n + j → [nny]	pihenjünk → [pihennyünk] 우리 쉽시다
ny + j → [nny]	édesanyjának → [édesannyának] 그의 어머니에게
t + j → [ty]	osztjuk → [osztyuk] 우리는 나눈다
ty + j → [tty]	atyja → [attya] 그의 아버지

● 자음 + s

d + s → [ccs]	hadsereg → [haccsereg] 군대, 육군
gy + s → [ccs]	hegység → [heccség] 산더미, 산
t + s → [ccs]	barátság → [baráccság] 우정
sz + s → [ss]	merészség → [meréssség] 용감
z + s → [ss]	község → [kösség] 작은 마을, 소도시

● 자음 + sz

d + sz → [cc]	maradsz → [maracc] 너는 머무른다
gy + sz → [cc]	gyógyszertár → [gyóccertár] 약국
t + sz → [cc]	futsz → [fucc] 너는 뛴다

● 자음 + 자음

d + t → [tt]	feladta → [felatta] 그는 제출했다, 그는 발송했다
gy + cs → [ccs]	hegycsúcs → [heccsúcs] 산꼭대기
t + c → [cc]	utca → [ucca] 거리, 도로
d + c → [cc]	nádcukor → [náccukor] 사탕수수 설탕
sz + zs → [zzs]	vadászzsákmány → [vadázzsákmány] 사냥 트로피
l + r → [rr]	balra → [barra] 왼쪽으로
n + m → [mm]	van már → [vam már] 이미 ~이다/있다

❻ 강세와 억양

헝가리어 평서문은 문장 끝의 억양을 내린다. 강세는 단어의 첫 음절에 있다.

Magyar vagyok. 나는 헝가리 사람이다.

머저르   버죡

Minsu koreai. 민수는 한국 사람이다.

민수   코래어이

의문사가 있는 의문문은 의문사에서 억양을 올린 후 내린다.

Hol lakik? 당신은 어디에 살아요?

홀   러킥

Hány éves vagy? 너는 몇살이야?

하니   에이배쉬 버즈

Mi a neved? 너는 이름이 뭐야?

미 어 내밷

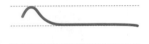

의문사가 없는 의문문은 문장 끝의 억양을 올리거나, 끝에서 **두 번째 모음**에서 올린 후 내린다.

Minsu koreai? 민수는 한국 사람이야?

민수　　코래어이

Ők magyarok? 그들은 헝가리 사람들이야?

외　　머저록

평서문과 의문사가 없는 의문문은 문장 끝의 억양으로 구분한다. 평서문은 문장 끝을 내리고, 의문사가 없는 의문문은 문장 끝을 올렸다가 내린다.

Minsu koreai. 민수는 한국 사람이야.

민수　　코래어이

Minsu koreai? 민수는 한국 사람이야?

민수　　코래어이

❼ 기본 어순

헝가리어의 어순은 문법적으로 정해져 있지 않아 비교적 자유롭다. 한국어가 문장 안에서 단어의 위치를 조금씩 바꿔 말해도 틀리지 않는 것처럼 헝가리어도 마찬가지이다. 이때 황금 법칙이 하나 있다. 헝가리어 문장에서는 보통 한 단어를 강조하는 경우가 많은데, 어순은 무엇을 강조하고 싶은지에 따라 달라진다.

Peti: 주어	jégkrémet: 목적(격)어	szereti: 동사
[패티]	[예그크림]	[쌔래티]

① Peti szereti a jégkrémet. 패티가 아이스크림을 좋아해요.

② A jégkrémet szereti Peti. 패티가 (다른 것도 아닌) 아이스크림을 좋아해요.

③ Peti a jégkrémet szereti. 패티는 (바로) 아이스크림을 좋아해요.

④ A jégkrémet Peti szereti. 아이스크림은 (바로) 패티가 좋아해요.

⑤ Szereti Peti a jégkrémet. 패티가 아이스크림을 (무척) 좋아해요.

⑥ Szereti a jégkrémet Peti. 아이스크림을 패티가 (무척) 좋아해요.

위 여섯 문장은 내용은 모두 같지만 강조하고자 하는 바가 다르다.

> **핵심**
>
> 문장의 주제(강조하려는 부분)는 언제나 맨 앞에 있다. 또한 말하는 사람이 가장 중요하다고 생각되는 정보는 동사의 바로 앞에 위치한다.

● 긍정문

Minsu magyarul tanul.
민수 머저룰 터눌

민수는 헝가리어를 공부한다.

Minsu tanul magyarul.
민수 터눌 머저룰

헝가리어를 공부하는 사람은 민수이다.

Magyarul tanul Minsu.
머저룰 터눌 민수

민수가 공부하는 언어는 헝가리어이다.

● 부정문

부정문은 부정하고자 하는 단어 앞에 부정사 nem을 붙여서 표현한다.

Minsu nem tanul magyarul.
민수   냄   터눌   머저룰

민수는 헝가리어를 공부하지 않는다.

Nem Minsu tanul magyarul.
냄   민수   터눌   머저룰

헝가리어를 공부하는 사람은 민수가 아니다.

Nem magyarul tanul Minsu.
냄   머저룰   터눌   민수

민수가 공부하는 언어는 헝가리어가 아니다.

● 의문문

의문사가 있는 의문문은 의문사 뒤에 반드시 동가가 온다.

```
의문사 + 동사 + 주어
```

Hol volt Peti tegnap?
홀   볼트   패티   태그넢

패티는 어제 어디에 있었어요?

주제(강조하려는 부분)가 있는 경우에는 먼저 주제가 나오고 그 뒤에 의문사로 시작되는 정보가 이어지기 때문에, 영어처럼 의문사가 반드시 앞에 위치해야 되는 것은 아니다.

Tegnap hol volt Peti?
태그넢   홀   볼트   패티

어제(주제) 패티가 어디에 있었어요?

Peti hol volt tegnap?
패티   홀   볼트   태그넢

패티가(주제) 어제 어디에 있었어요?

의문사가 없는 의문문은 평서문과 같은 어순에 끝에 물음표를 붙인다.

Peti könyvtárban volt tegnap.   패티는 어제 도서관에 있었어요.
패티 쾨느브타르번   볼트 태그넢

Peti könyvtárban volt tegnap?   패티는 어제 도서관에 있었나요?
패티 쾨느브타르번   볼트 태그넢

의문사는 질문의 핵심이다. 의문사 의문문에 대한 대답은 의문사에 먼저 대답하고 나머지 질문의 어순을
따른다.

Hol volt Minsu?   민수는 어디에 있었어요?
홀   볼트 민수

Budapesten volt Minsu.   부다페스트에 있었어요.
부더패쉬탠   볼트 민수

Mit tanul Minsu?   민수는 무엇을 공부해요?
미트 터눌   민수

Magyar nyelvet tanul Minsu.   헝가리어를 공부해요.
머저르   내르배트 터눌   민수

❶ 안녕하세요

Jó reggelt (kívánok*).	좋은 아침 되세요. (직역: 좋은 아침을 바랍니다)
요 레겔 키바녹	(보통 오전 10시까지 쓰는 인사말)

Jó napot (kívánok).	좋은 하루 되세요. (직역: 좋은 하루를 바랍니다)
요 나폽 키바녹	(보통 오후 6시까지 쓰는 인사말)

Jó estét (kívánok).	좋은 오후/저녁 되세요. (직역: 좋은 오후/저녁을 바랍니다)
요 애쉬테잍 키바녹	(보통 오후 6시 이후부터 쓰는 인사말)

Jó éjszakát (kívánok).	좋은 밤/저녁 되세요. (직역: 좋은 밤을 바랍니다)
요 에이서칻 키바녹	(늦은 밤에 쓰는 인사말)

Szia.	안녕
씨어	(시간과 관계없이 사용 가능)

Sziasztok.	여러분 안녕
씨어쓰톡	(2명 이상한테 한꺼번에 인사할 때)

＊ '바랍니다'라는 뜻의 kívánok을 생략할 수 있지만, 생략하지 않으면 더 정중한 표현이 된다.

❷ 만나서 반가워요

Örülök, hogy megismerhetem Önt.	당신을 알게 돼서 반가워요. (존댓말)
외르뢱 호지 매기쉬매르해탬 왼트	

Örülök, hogy megismerhetlek téged.	너를 알게 돼서 반가워. (반말)
외르뢱 호지 매기쉬매르해트랙 테이갣	

Örülök, hogy találkoztunk.	만나서 반가워요.
외르뢱 호지 터랄곳쓰퉁크	

Örülök a szerencsémnek.	당신을 만나서 행운입니다.
외르뢱 어 새랜체임낵	

Örvendek.	반가워요.
외르밴댁	

Örvendek a találkozásnak.	만나서 반가워요.
외르밴댁 어 털랄코자쉬넉	

③ 헤어질 때 인사 표현

Viszontlátásra. 비쏜트라따쉬러	안녕히 가세요./안녕히 계세요. (존댓말)
Viszlát. 비슬랕	안녕. (반말)
Jó éjszakát kívánok. 요 에이서캍 키바녹	안녕히 주무세요.
Jó éjszakát. 요 에이서캍	잘 자요.

④ 감사의 표현

Köszönöm szépen./ Köszönöm. 쾨쇠뇜 세이팬 / 쾨쇠뇜	고맙습니다.
Köszi. 쾨씨	고마워. (반말)
Szívesen. 씨배샌	천만에요.
Nincs mit. 닌치 미트	별말씀을요.

⑤ 안부를 묻는 표현

Hogy vagy? 호지 버지	너는 어떻게 지내니? (반말)
Hogy vagytok? 호지 번즈톡	너희는 어떻게 지내니? (반말)
Hogy van? 호지 번	당신은 어떻게 지내세요? (존댓말)
Hogy vannak? 호지 번넉	당신들은 어떻게 지내세요? (존댓말)
Jól vagyok. 욜 버족	잘 지내요. 괜찮아요.
Nincs semmi különös. 닌츠 쌤미 클뢰뇌쉬	그냥 그래요. 별일 없어요.

Lecke

만나고 헤어질 때 건네는 인사말과 '이다/있다'라는 뜻의 기본 동사를 사용하여 말하는 방법에 대해 알아
보겠습니다.

Köszönés

인사

회화

Reptéri dolgozó	**Jó napot kívánok!** 요 나폿 키바녹
Minsu	**Jó napot!** 요 나폿
Reptéri dolgozó	**Az útlevelét, legyen szíves!** 어즈 욷래배레잍 래잰 시배쉬
Minsu	**Tessék.** 태쉬에잌
Reptéri dolgozó	**Köszönöm. Hogy hívják Önt?** 쾨쇠뇜 호지 히뱍 왼트
Minsu	**Kim Minsu.** 김 민수
Reptéri dolgozó	**Ön kínai?** 왼 키이나이
Minsu	**Nem, koreai vagyok.** 냄 코래어이 버죡
Reptéri dolgozó	**Mi a foglalkozása?** 미 어 포그럴코자샤
Minsu	**Diák vagyok.** 디앜 버죡
Reptéri dolgozó	**Köszönöm.** 쾨쇠뇜
Minsu	**Viszontlátásra!** 비쏜트라따쉬러

공항 직원	안녕하세요!
민수	안녕하세요!
공항 직원	여권을 보여주세요
민수	여기 있습니다.
공항 직원	고맙습니다. 성함이 어떻게 되세요?
민수	김민수입니다.
공항 직원	당신은 중국 사람이에요?
민수	아닙니다, 한국 사람입니다.
공항 직원	당신의 직업이 뭐예요?
민수	학생입니다.
공항 직원	고맙습니다.
민수	안녕히 계세요!

□ útlevél 여권
□ legyen szíves ~ 주십시오
□ tessék 자, 이걸 받아주세요
　　　　여기 있습니다
□ hogy 어떻게

□ hív 부르다
□ Önt 당신을
□ Ön 당신
□ kínai 중국 사람
□ nem 아니오

□ koreai 한국 사람
□ mi 무엇
□ foglalkozás 직업
□ diák 학생
□ van 이다, 있다

어휘

● Foglalkozások / 직업

MP3 01-2

könyvelő	회계사	szakács	요리사
üzletember	사업가	kozmetikus	피부 미용사
irodai dolgozó	사무직원	köztisztviselő	공무원
recepciós	접수 안내원	pénztáros	계산원
titkár / titkárnő	비서 (남자/여자)	fodrász	미용사
programozó	프로그래머	orvos	의사
gyógyszerész	약사	ápolónő / nővér	간호사
állatorvos	수의사	tolmács	통역사
tanár	선생, 교사	politikus	정치인
katona	군인	postás	집배원
mérnök	엔지니어	ügyvéd	변호사
építész	건축가	énekes	가수
tűzoltó	소방관	színész	배우
farmer / gazda	농부	újságíró	신문기자, 언론인
háztartásbeli	가정주부	rendőr	경찰관

● Ország, Nemzetiség, Nyelv / 나라, 국적, 언어

	나라	국적	언어
헝가리	Magyarország	magyar	magyarul
한국	Dél-Korea	dél-koreai	koreaiul
미국	Amerikai Egyesült Államok/ Amerika	amerikai	angolul
중국	Kína	kínai	kínaiul
일본	Japán	japán	japánul
이탈리아	Olaszország	olasz	olaszul
프랑스	Franciaország	francia	franciául
독일	Németország	német	németül
영국	Anglia	angol	angolul
스페인	Spanyolország	spanyol	spanyolul
터키	Törökország	török	törökül
러시아	Oroszország	orosz	oroszul

문법

Ⓐ van 동사

헝가리어는 다른 유럽 언어들처럼 동사의 인칭 변화가 있다. 동사의 인칭 변화는 1변화와 2변화가 있으며, 인칭 변화를 규칙적으로 하는 동사와 불규칙적으로 하는 동사가 있다. 이 밖에 동사변화에 대한 자세한 설명은 4, 5과에서 다루기로 하고, 여기서는 **van** 동사에 대해 먼저 살펴보자.

van 동사는 '있다', '이다'의 의미이며, 1변화를 하는 불규칙 동사이다. **van** 동사의 현재 1변화 형태는 다음과 같다.

	단수	복수
1인칭	vagyok	vagyunk
2인칭	vagy	vagytok
3인칭	van	vannak

van 동사가 '이다'의 의미일 때, 3인칭에서는 **van** 동사를 생략한다.

> Én okos vagyok. 나는 똑똑해요.
>
> Te koreai vagy. 너는 한국 사람이에요.
>
> Minsu okos ~~van~~. 민수는 똑똑해요.
>
> Mi okosak vagyunk. 우리는 똑똑해요.
>
> Ti szépek vagytok. 너희들은 예뻐요.
>
> Ők okosak ~~vannak~~. 그들은 똑똑해요.

van 동사가 '있다'의 의미일 때는 생략하지 않는다.

> Minsu itt van. 민수는 여기 있다.
>
> Itt vannak. 그들은 여기 있다.
>
> Itt van a házam. 우리 집은 여기 있다.

Ⓑ 인칭대명사

인칭대명사는 사람을 가리키는 말로, 문장에서 주어 역할을 할 때, 목적어 역할을 할 때, 소유의 의미를 가질 때 각각 단어의 형태가 달라진다. 한국어와 달리, 헝가리어에서는 '당신/당신들'이라는 존

칭 인칭대명사를 3인칭으로 취급한다. 따라서 문장에서 존칭 인칭대명사 Ön이나 Önök가 주어이면 동사는 3인칭 동사를 사용해야 한다. 이때 존칭 인칭대명사는 대문자로 쓴다. 3인칭 존칭의 경우를 제외한 나머지 인칭들은 반말과 존댓말의 구분이 없다.

● 인칭대명사 – 단수형

	주어 역할	목적어 역할	소유의 의미
1인칭	én 나는	engem 나를	enyém 나의 것
2인칭	te 너는	téged 너를	tied 너의 것
3존칭	Ön 당신은	Önt 당신을	Öné 당신의 것
3인칭	ő 그/그녀는	őt 그/그녀를	övé 그/그녀의 것

● 인칭대명사 – 복수형

	주어 역할	목적어 역할	소유의 의미
1인칭	mi 우리는	minket 우리를	mienk 우리의 것
2인칭	ti 너희들은	titeket 너희들을	tietek 너희들의 것
3존칭	Önök 당신들은	Önöket 당신들을	Önöké 당신들의 것
3인칭	ők 그/그녀들은	őket 그/그녀들을	övék 그/그녀들의 것

3인칭 주격을 제외하고 인칭대명사는 종종 생략한다.

(Én) Magyar vagyok. 나는 헝가리 사람이에요.
(Te) Koreai vagy? 너는 한국 사람이야?
Ő amerikai. 그는 미국 사람이에요.

하지만, 강조하거나 정확하게 이야기할 때는 인칭대명사를 유지한다.

Én koreai vagyok. És te? 나는 한국 사람이야. 너는?
Én magyar vagyok. 나는 헝가리 사람이야.

문법

ⓒ 관사

헝가리어에서는 정관사와 부정관사를 사용하는 경우가 많다. 정관사는 **a**와 **az**가 있으며, 부정관사는 **egy**이다. 정관사는 이미 언급되었거나 쉽게 알 수 있는 사람·사물 앞에 쓰며, **a**는 자음, **az**는 모음으로 시작되는 명사 앞에 쓴다. (**a ház** 그 집, **az ember** 그 사람)

부정관사는 다음과 같이 여러 가지 뜻을 나타낸다.

● 단수 보통명사 앞에서 막연히 '하나'라는 뜻을 나타낸다. 이때는 해석하지 않아도 된다.
● 숫자로서의 '하나'의 뜻을 나타낸다. 이때는 해석해야 한다.
● 대표 단수로 쓰여 어떤 종류 전체를 대표한다. '어떤 ～라도', '～라는 어떤 것'의 의미이다.
● 막연히 '어떤'이라는 의미로 쓰이기도 한다.

a könyv 그 책   egy könyv 책, 책 하나, 어떤 책
a szék 그 의자   egy szék 의자, 의자 하나, 어떤 의자

ⓓ igen/nem

질문에 대한 긍정 답변은 **igen**(예), 부정 답변은 **nem**(아니오)이다.

Szia, te magyar vagy?   안녕, 너는 헝가리 사람이니?

☺ Igen, magyar vagyok.   응, 나는 헝가리 사람이야.
☹ Nem, nem vagyok magyar.   아니, 나는 헝가리 사람이 아니야.
☹ Nem, koreai vagyok.   아니, 나는 한국 사람이야.

부정 의문문에 대한 긍정의 답변은 **de igen**이라고 한다. 이때 **igen**은 생략할 수 있다.

Szia, te nem magyar vagy?   안녕, 너는 헝가리 사람이 아니니?

☺ De (igen), magyar vagyok.   응, 맞아. 나는 헝가리 사람이야.
☹ Nem, nem vagyok magyar.   아니, 헝가리 사람이 아니야.

nem은 '아니오'라는 뜻 외에, '~이 아니다', '~하지 않다'와 같이 '부정'을 나타내기도 한다. '부정'의 nem은 동사 앞에 쓴다.

| Nem vagyok orvos. | 나는 의사가 아니다. |
| Nem megyek Koreába. | 나는 한국에 가지 않는다. |

Ⓔ 나라, 국적, 언어

① 헝가리어에서는 출신이나 거주지를 표현 할 때 형용사를 쓴다. 이때는 지명 끝에 −i를 붙인다.

Korea - koreai
한국 – 한국 사람

Amerika - amerikai
미국 – 미국 사람

Budapest - budapesti
부다페스트 – 부다페스트 사람

Szöul - szöuli
서울 – 서울 사람

② 나라 이름이 -ország으로 끝나는 경우에는 ország(나라)을 생략한다.

Magyarország - magyar
헝가리 – 헝가리 사람

Olaszország - olasz
이탈리아 – 이탈리아 사람

Németország - német
독일 – 독일 사람

Franciaország - francia
프랑스 – 프랑스 사람

③ 불규칙 형용사

Belgium - belga
벨기에 – 벨기에 사람

Norvégia - norvég
노르웨이 – 노르웨이 사람

Hollandia - holland
네덜란드 – 네덜란드 사람

Bulgária - bolgár
불가리아 – 불가리아 사람

④ 언어명은 국적에 어미 '-ul/ül'를 붙인다. 후설모음 단어에는 -ul, 전설모음 단어에는 -ül를 붙인다.

| koreai - koreaiul | 한국 사람 – 한국어를/한국어로 |
| magyar - magyarul | 헝가리 사람 – 헝가리어를/헝가리어로 |

연습문제

1. 다음 명사 앞에 알맞은 정관사를 쓰세요.

(1) _____ orvos   (2) _____ nővér

(3) _____ ügyvéd   (4) _____ tanár

(5) _____ diák   (6) _____ óra

(7) _____ kabát   (8) _____ tányér

(9) _____ ablak   (10) _____ macska

(11) _____ kutya   (12) _____ mérnök

(13) _____ híd   (14) _____ újságíró

(15) _____ alma   (16) _____ szekrény

(17) _____ ágy   (18) _____ takarítónő

2. 다음 빈칸에 van 동사의 알맞은 형태(현재시제)를 쓰세요.

(1) Én tanár _____ .   (2) Te diák _____ .

(3) Mi mérnökök _____ .   (4) Ő ügyvéd _____ .

(5) Ti nővérek _____ .   (6) Ők koreaiak _____ .

(7) Ő magyar _____ .   (8) Én építész _____ .

(9) Mi amerikaiak _____ .   (10) Ti orvosok _____ .

(3~4) 다음 표를 읽고 질문에 답하세요.

이름	국적	직업
Kim Minsu	koreai	diák
John Smith	amerikai	mérnök
Fabian Müller	német	orvos
Pierre Bernard	francia	rendőr
Naoko Satou	japán	ápolónő

3. 각 인물에 대해 〈보기〉와 같이 쓰세요.

| 보기 | **Kim Minsu koreai diák.** 김민수는 한국 학생이다.

(1) _____

(2) _____

(3) _____

(4) _____

4. 다음 질문에 헝가리어로 답하세요.

(1) John mérnök?

▶ _____

(2) Fabian orvos?

▶ _____

(3) Naoko francia?

▶ _____

(4) Pierre japán?

▶ _____

Lecke

2

가족을 소개하는 연습을 해볼까요? '가족'에 관한 어휘를 살펴보고, 헝가리어 의문사와 지시대명사 및 기본 형용사에 대해서 알아보겠습니다.

Család

가족

회화

Anna	**Mi ez?** 미 애즈
Minsu	**Ez egy kép.** 애즈 애지 케잎
Anna	**Ki van a képen?** 키 번 어 케이팬
Minsu	**A családom.** 어 처라돔
Anna	**Hányan vagytok a családban?** 하년 버즈톡 어 처라드번
Minsu	**Négyen. Anya, apa, nagymama és én.** 네이잰 어녀 어퍼 너즈머머 에이쉬 에인
Anna	**Hol van most a családod?** 홀 번 모스트 어 처라돋
Minsu	**Dél-Koreában van.** 델코래아번 번
Anna	**Milyen a családod?** 미옌 어 처라돋
Minsu	**Kedves és vidám.** 캐드왜쉬 에이쉬 외담

안나	이것은 뭐야?
민수	이것은 사진이야.
안나	사진에 있는 사람들이 누구야?
민수	나의 가족이야.
안나	가족이 몇 명이야?
민수	4명이야. 엄마, 아빠, 할머니 그리고 나.
안나	가족은 지금 어디에 계셔?
민수	한국에 계셔.
안나	가족들의 성격은 어때?
민수	착하고 활발해.

- mi 무엇
- ez 이것은
- ki 누구
- kép 사진
- család 가족

- hányan 몇 명
- négyen 4명
- anya 어머니, 엄마
- apa 아버지, 아빠
- nagymama 할머니

- hol 어디
- most 지금
- milyen 어떤
- kedves 착하다
- vidám 기쁘다, 활발하다

어휘

● Család / 가족

MP3 02-2

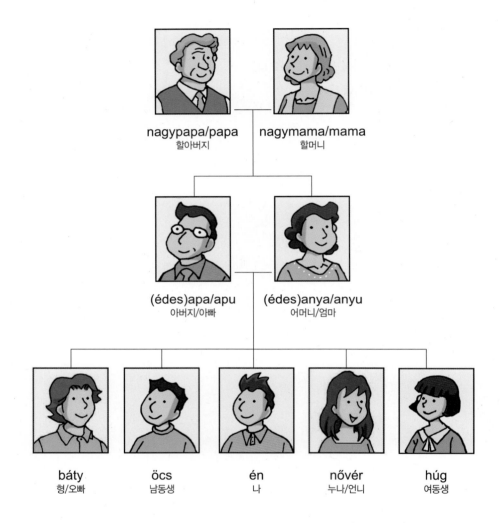

nagypapa/papa
할아버지

nagymama/mama
할머니

(édes)apa/apu
아버지/아빠

(édes)anya/anyu
어머니/엄마

báty
형/오빠

öcs
남동생

én
나

nővér
누나/언니

húg
여동생

● Házastársak, Rokonok / 배우자, 친족들

anyós
시어머니, 장모님

após
시아버지 / 장인어른

férj / vő
남편 / 사위

feleség / meny
아내 / 며느리

sógor
아내/남편의 남자 형제

sógornő
아내/남편의 여자 형제

● Unokatestvér / 사촌

unokaöcs -	unokabáty -	unokahúg -	unokanővér
사촌 남동생	사촌 오빠	사촌 여동생	사촌 언니

nagybácsi -	nagynéni
삼촌/고모부	이모/고모

문법

Ⓐ 의문사

의문대명사	Ki? / Mi?	누구? / 무엇?
의문형용사	Milyen? / Melyik?	어떤? / 어떤 종류의? 어느 것?
의문수사	Hány? / Mennyi?	몇 ~? / 얼마나?
의문 처소격조사	Hol? / Honnan? / Hová?	어디? / 어디서부터? / 어디로?
의문 시간격조사	Mikor? / Mióta? / Meddig?	언제? / 언제부터? / 언제까지?
의문부사	Miért? / Hogyan?	왜? / 어떻게?

Ki vagy te? 너는 누구니?　　　　　Mi az? 그것은 뭐지?

Hol van Minsu? 민수는 어디야?　　　Mikor van a diplomaosztó? 졸업식은 언제야?

Ⓑ 지시대명사

지시대명사는 사물을 가리키는 말로, '이것'은 ez, '그것', '저것'은 az이다. ez와 az는 명사를 꾸며주는 형용사의 역할을 하기도 하는데, 이때 ez, az와 (형용사 +) 명사 사이에는 정관사 a(az)를 써야 한다. 일상적인 대화에서는 정관사 대신 부정관사 egy를 쓰기도 한다. (지시대명사의 복수형은 3과에서 다루기로 한다.)

ez az autó 이 자동차　　　　　　　Ez egy autó. 이것은 자동차이다.

az a virág 그 꽃　　　　　　　　　Az egy virág. 그것은 꽃이다.

ez a nagy ház 이 큰 집　　　　　　Ez a ház nagy. 이 집은 크다.

az az új könyv 그 새로운 책　　　　Az a könyv új. 그 책은 새롭다.

Ⓒ 기본 형용사

형용사는 단수형과 복수형이 있다. 다음은 자주 쓰이는 기본 형용사의 단수형이다. 복수형은 3과에서 다루기로 한다.

단어 diplomaosztó 졸업식　auto 자동차　virág 꽃　ház 집　könyv 책

fiatal 어리다	öreg/idős 낡다/ 나이가 많다
jó 좋다	rossz 나쁘다
boldog 행복하다	szomorú 슬프다
kövér 뚱뚱하다	vékony 날씬하다
szép 예쁘다	csúnya 못생기다
okos 똑똑하다	buta 멍청하다
gyenge 약하다	erős 힘세다, 튼튼하다
tiszta 깨끗하다	koszos, piszkos 더럽다
csendes 조용하다	hangos/zajos 시끄럽다
hideg 차갑다, 춥다	meleg 따뜻하다, 덥다
lassú 느리다	gyors 빠르다
olcsó 싸다	drága 비싸다
nagy 크다	kicsi 작다
könnyű 쉽다, 가볍다	nehéz 어렵다, 무겁다
szorgalmas 부지런하다	lusta 게으르다
kényelmes 편하다	kényelmetlen 불편하다
tágas 넓다	szűk 좁다
érdekes 재미있다	unalmas 재미없다
új 새롭다	régi 낡다

D és : ~과/와, ~하고

és는 명사와 명사, 형용사와 형용사, 동사와 동사를 연결한다. 앞 단어가 자음이나 모음으로 끝나는 것과 상관 없이, 항상 és 형태로 쓴다.

anya és apa 엄마와 아빠
Minsu okos és erős. 민수는 똑똑하고 힘세다.
Ma tanulok és olvasok. 오늘은 공부하고 독서한다.

연습문제

1. 다음 두 문장을 és를 사용하여 한 문장으로 고치세요.

> | 보기 | Anya szép. Anya okos. 엄마는 예쁘다. 엄마는 똑똑하다.
> ▶ Anya szép <u>és</u> okos. 엄마는 예쁘고 똑똑하다.

(1) Az iskola nagy. Az iskola tágas.

  ▶ Az iskola _____ .

(2) A húgom vékony. A húgom fiatal.

  ▶ A húgom _____ .

(3) A könyv nehéz. A könyv régi.

  ▶ A könyv _____ .

(4) Az autó új. Az autó gyors.

  ▶ Az autó _____ .

(5) A kutya aranyos. A macska aranyos.

  ▶ _____ aranyos.

2. 의미에 맞게 빈칸을 채우세요.

(1) 이 펜   ▶ _____ toll

(2) 이 창문   ▶ _____ ablak

(3) 이 문   ▶ _____ ajtó

(4) 이 학교   ▶ _____ iskola

(5) 그 사과   ▶ _____ alma

(6) 그 연필   ▶ _____ ceruza

(7) 그 영화관 ▶ _____ mozi

(8) 그 집   ▶ _____ ház

3. 의미가 반대인 단어끼리 연결하세요.

(1) tiszta   •   • koszos

(2) hideg   •   • lassú

(3) csendes   •   • olcsó

(4) gyenge   •   • meleg

(5) drága   •   • erős

(6) gyors   •   • zajos

(7) kényelmes •   • régi

(8) érdekes   •   • kényelmetlen

(9) boldog   •   • szomorú

(10) új   •   • unalmas

4. 다음을 읽고 질문에 답하세요.

> Budapest kicsi.   Budapesten meleg van.   Budapest érdekes város.

(1) 부다페스트는 어떻습니까?

  ① 크다   ② 시끄럽다   ③ 작다

(2) 부다페스트의 날씨는 어떻습니까?

  ① 안 좋다   ② 춥다   ③ 덥다

(3) 부다페스트는 어떤 도시입니까?

  ① 재미있다   ② 재미없다   ③ 깨끗하다

Lecke

3

내가 살고 있는 집에 대해 소개해 볼까요? 집의 공간 및 가구에 관한 어휘를 살펴보고, 장소나 위치를 말하는 방법 및 명사와 형용사의 복수형에 대해 알아보겠습니다.

Ház

집

회화

Minsu Anna, te kertes házban laksz?
언너 태 캐르태쉬 하즈번 락스

Anna Igen, a ház mögött van egy nagy kert és egy garázs.
이갠 어 하즈 뫼괴트 번 애지 너즈 캐르트 에이쉬 애지 거라쉬

Minsu Terasz is van?
태러스 이쉬 번

Anna Igen, terasz is van.
이갠 태러스 이쉬 번

Ez a hálószoba. A hálószoba mellett van a fürdőszoba.
애즈 어 할로소버 어 할로소버 맬래트 번 어 프르되소버

Minsu Hol van a nappali?
홀 번 어 너뻐리

Anna Itt van a nappali. A nappali és a hálószoba között van egy konyha.
이트 번 어 너뻐리 어 너뻐리 에이쉬 어 할로소버 쾨죄트 번 애지 코니허

Minsu A szobák nagyon tiszták. A bútorok is nagyon szépek.
어 소바크 너죤 티스타크 어 부토로크 이쉬 너죤 쎄이팩

Anna Köszönöm.
쾨쇠늠

A ház előtt van egy iskola is és a bolt is nagyon közel van.
어 하즈 애뢰트 번 애지 이쉬콜러 이쉬 에이쉬 어 볼트 이쉬 너죤 쾨잴 번

Minsu Tényleg nagyon jó környék.
테이니랙 너죤 요 쾨르네익

48 New The 바른 헝가리어 첫걸음

민수	안나, 너는 단독주택에서 살아?
안나	응, 집 뒤에 큰 마당 하나와 차고 하나가 있어.
민수	테라스도 있니?
안나	응, 테라스도 있어. 이곳은 침실이고 화장실은 침실 옆에 있어.
민수	거실은 어딘데?
안나	거실은 여기 있어. 거실과 침실 사이에는 부엌이 있어.
민수	방들이 너무 깨끗해. 가구들도 너무 예뻐.
안나	고마워. 집 앞에 학교도 있고 마트도 너무 가까워.
민수	진짜 너무 좋은 동네이네.

□ kertes ház 단독주택
□ lakik 살다, 거주하다
□ ház 집
□ mögött 뒤에
□ van 있다
□ nagy 크다
□ kert 마당
□ garázs 차고
□ terasz 테라스
□ is 도

□ hálószoba 침실
□ mellett 옆에
□ fürdőszoba 욕실
□ hol 어디
□ nappali 거실
□ itt 여기
□ között 사이에
□ konyha 부엌
□ szoba 방
□ nagyon 너무

□ tiszta 깨끗하다
□ bútor 가구
□ szép 예쁘다
□ előtt 앞에
□ iskola 학교
□ bolt 마트, 가게
□ közel 가깝다
□ tényleg 진짜, 정말
□ jó 좋다
□ környék 동네

● A házak típusai / 주거용 건물의 유형 MP3 03-2

kertes ház	단독주택	felhőkarcoló	고층 건물(마천루)
ikerház	연립주택	lakás	아파트
lakótelep	아파트 단지	sorház	테라스 하우스
villa	빌라 (별장식 주택)	tömbház	공동주택
bérelt szoba	원룸	garzon	오피스텔
kollégium	기숙사	nyaraló	별장

● A ház részei / 집의 내부와 외부

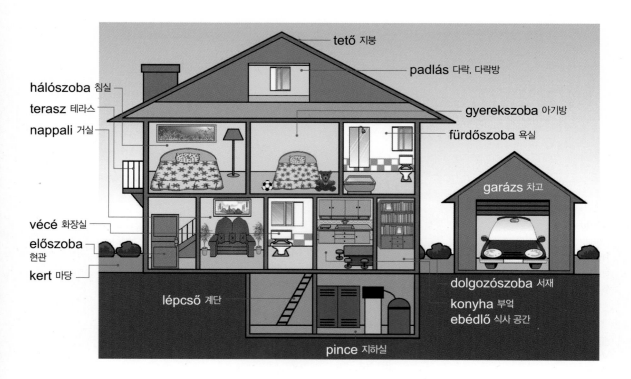

tető 지붕
padlás 다락, 다락방
hálószoba 침실
terasz 테라스
nappali 거실
gyerekszoba 아기방
fürdőszoba 욕실
garázs 차고
vécé 화장실
előszoba 현관
kert 마당
lépcső 계단
dolgozószoba 서재
konyha 부엌
ebédlő 식사 공간
pince 지하실

● Bútorok / 가구들

ágy	침대	fotel	안락의자
asztal	식탁	komód	서랍장
szék	의자	tévéasztal / tévéállvány	거실(TV)장
ruhásszekrény	옷장	éjjeliszekrény	협탁
íróasztal	책상	fésülködő asztal	화장대
könyvespolc	책꽂이	dohányzóasztal	소파 테이블
polc	선반	szőnyeg	카펫
kanapé	소파	tükör	거울

Ⓐ 여기, 거기/ 저기

'여기'는 itt, '거기'와 '저기'는 구분 없이 둘 다 ott라고 한다. 아래와 같이, 의미에 따라 형태가 달라진다.

Honnan? 어디에서?		Hol? 어디/어디에?		Hová? 어디로?	
innen	여기에서	itt	여기	ide	여기로
onnan	거기에서 저기에서	ott	거기 저기	oda	거기로 저기로

A: Hol vagy? 너 어디 있어?   B: Itt! 여기!

A: Hová mész? 너 어디로 가?   B: Oda. 거기로.

Innen 10 perc a lakás. 아파트가 여기에서 10분 거리예요.

Ⓑ 장소, 위치를 나타내는 후치사

헝가리어는 영어와 달리 장소나 위치를 나타내는 말이 명사 뒤에 온다. 그래서 전치사가 아니라 후치사이다. 후치사는 어디로, 어디에, 어디로부터 등 질문에 따라 형태가 달라진다.

Honnan? 어디에서?		Hol? 어디에?		Hová? 어디로?	
alól	밑에서	alatt	밑에	alá	밑으로
fölül	위에서	fölött / felett	위에	fölé	위로
elől	앞에서	előtt	앞에	elé	앞으로
mellől	옆에서	mellett	옆에	mellé	옆으로
mögül	뒤에서	mögött	뒤에	mögé	뒤로
közül	사이에서	között	사이에	közé	사이로

참고로, 장소나 위치를 나타내는 부사로 lent(아래에), fent(위에), kint(밖에), bent(안에)가 있으며, 이들은 부사이기 때문에 명사 없이 단독으로 쓸 수 있다.

A kutya kimászik az ágy alól. 강아지는 침대 밑으로부터 기어 나온다.

Ellopták a kocsit a ház elől. 집 앞에서 자동차를 훔쳐 갔다.

A gyerekszoba a fürdőszoba mellett van. 아기방은 욕실 옆에 있다.

A garázs kint van. 차고는 밖에 있다.

단어 megy 가다   perc 분   kutya 개   kimászik 기어 나오다   ágy 침대   ellop 훔치다

Az ebédlő a konyha és a nappali között van. 식사 공간은 부엌과 거실 사이에 있다.

A könyv a fotel mögé esett. 책은 소파 뒤로 떨어졌다.

ⓒ 복수형

헝가리어는 명사나 지시대명사뿐만 아니라 형용사도 복수형이 있다. 각각의 복수형은 다음과 같은
형식으로 만든다.

◆ 명사의 복수형

① -k

모음으로 끝나는 단어에는 -k 붙인다. a, e로 끝날 때는 각각 á, é로 바꾸고 -k를 붙인다.

cipő - cipők 구두   lámpa - lámpák 조명, 불   ajtó - ajtók 문

자음으로 끝나는 단어는 k 앞에 연결모음 a, e, o, ö를 넣고 -k를 붙인다. (아래 ② ~ ⑤에 해당)

② -ek

모음 e, é, í 가 들어간 1음절 단어 또는 전설 모음(e, é, i, í, ö, ő, ü, ű)이 있는 단어에는 연결모
음 e를 넣고, -k를 붙인다.

kép - képek 사진, 그림   szék - székek 의자   szekrény - szekrények 옷장

③ -ok

여러 음절로 되어 있는 후설 모음(a, á, o, ó, u, ú) 단어에는 -ok를 붙인다.

ablak - ablakok 창문   asztal - asztalok 테이블, 식탁

könyvespolc - könyvespolcok 책꽂이

④ -ak

모음 a, á가 들어간 1음절 단어에는 -ak를 붙인다. 가끔 여러 음절로 되어 있는 후설 모음(a, á, o,
ó, u, ú) 단어에 붙기도 한다.

fal - falak 벽   ház - házak 집

🔵단어 esik 떨어지다

⑤ -ök

모음 ö, ő 가 들어간 1음절 단어 또는 단어 안의 모음이 모두 ö, ő, ü, ű인 단어에 붙인다.

bőrönd - bőröndök 짐   ördög - ördögök 악마

⑥ 불규칙 복수형

• 단어의 마지막 장모음이 단모음으로 변하는 경우

levél - levelek 편지, 잎   úr - urak 신사
út - utak 길   víz - vizek 물

• 1음절 단어 뒤에 v 첨가

ló - lovak 말   kő - kövek 돌
szó - szavak 단어   fű - füvek 풀

• 모음이 없어지는 경우

álom - álmok 꿈   tanterem - tantermek 교실
eper - eprek 딸기   lélek - lelkek 영혼

◆ 형용사의 복수형

① -k

모음으로 끝나는 단어에는 -k를 붙인다. a, e로 끝날 경우에는 각각 á, é로 바꾸고 -k를 붙인다.

olcsó - olcsók 싸다   csúnya - csúnyák 못생기다

② -ek, -ak

자음으로 끝나는 경우에는 발음을 쉽게 하기 위해 -k 앞에 모음 a, e를 첨가한다. 후설 모음이 있는 단어에는 a를, 전설 모음이 있는 단어에는 e를 붙인다.

erős - erősek 힘세다   okos - okosak 똑똑하다

③ ő, ű로 끝나는 형용사에는 -ek을 붙인다.

könnyű - könnyűek 쉽다, 가볍다   elbűvölő - elbűvölőek 매혹적이다

④ ú로 끝나는 형용사에는 -ak을 붙인다.

hosszú - hosszúak 길다   lassú - lassúak 느리다

⑤ 불규칙 단어

nagy - nagyok 크다

◆ 지시대명사의 복수형

'이것' ez의 복수형은 ezek, '저것' az의 복수형은 azok이다.

ez a ház 이 집   →   ezek a házak 이 집들
az a bútor 그 가구   →   azok a bútorok 그 가구들

복수형 문장을 연습해 보자.

A bicikli gyors. 자전거는 빠르다.   A biciklik gyorsak. 자전거들은 빠르다.
A szék alacsony. 의자는 낮다.   A székek alacsonyak. 의자들은 낮다.
Ez olcsó. 이것은 싸다.   Ezek olcsók. 이것들은 싸다.
Ez egy olcsó asztal. 이것은 싼 식탁이다.   Ezek olcsó asztalok. 이것들은 싼 식탁들이다.

명사가 숫자 또는 sok(많은), kevés(적은), pár(몇몇 개의) 등의 수식을 받을 때, 명사는 항상 단수형으로 쓴다.

Két szék van az ebédlőben. 식당에 의자 2개가 있다.
Sok könyv van az asztalon. 테이블에 많은 책이 있다.

Ⓓ is : 도

is는 '~도, 또한, 역시'의 의미를 나타내는 보조사이다. '~에게도', '~와도'와 같이 다른 조사 뒤에 붙기도 한다.

Ő is tanul. 그녀도 공부한다.
Ez is finom. 이것도 맛있다.

단어 bicikli(k) 자전거   szék(ek) 의자   asztal(on) 식탁, 테이블   tanul 공부하다

연습문제

1. 그림을 보고 빈칸을 채우세요.

(1) Az ágy az ablak _____ van.

(2) A szekrény a dobozok _____ van.

(3) A fotel _____ van a szekrény.

(4) Az asztal _____ van a macska.

(5) A lámpa az asztal _____ van.

2. 다음 명사와 형용사의 복수형을 쓰세요.

párna (베개)		szép (예쁘다)	
tükör (거울)		új (새롭다)	
asztal (식탁)		okos (똑똑하다)	
szék (의자)		tiszta (깨끗하다)	
ágy (침대)		idős (나이가 많다)	
kulcs (열쇠)		régi (낡다)	
autó (자동차)		világos (밝다)	

3. 다음을 읽고, 내용과 일치하면 O, 일치하지 않으면 X 표시하세요.

> Minsu kollégiumban lakik. A kollégium a Corvinus Egyetem mellett van. Az egyetem előtt van egy híd. Az egyetem mögött van egy nagy piac. A kollégium mellett könyvtár is van. A könyvtár előtt van a posta. A kollégium jó környéken van.

(1) 민수는 아파트에서 살고 있다.   (   )

(2) 대학교 앞에 다리가 있다.   (   )

(3) 대학교 뒤에 우체국이 있다.   (   )

(4) 기숙사 옆에 은행이 있다.   (   )

(5) 도서관 앞에 우체국이 있다.   (   )

4. 의미에 맞게 보조사 is를 넣으세요.

(1) Én koreai vagyok. 나도 한국 사람이다.

▶ _____

(2) Minsu németül beszél. 민수는 독일어도 할 줄 안다.

▶ _____

(3) Tortát kérek. 케이크도 주세요.

▶ _____

(4) Te szép vagy. 너도 예쁘다.

▶ _____

(5) Peti angolul tanul. 페티는 영어도 배운다.

▶ _____

나의 하루 일과를 말해볼까요? '일어나다', '세수하다', '친구를 만나다' 등 헝가리어 동사(현재형)에 대해 알아보겠습니다.

Napirend

하루 일과

Anna	Minsu, általában hogy telik egy napod?
	민수 알타라번 호지 태리크 애지 너포드
Minsu	Reggel felkelek, megmosakszom és iskolába megyek.
	랙갤 팰캐랙 맥모서크솜 에이쉬 이쉬콜라버 매잭
Anna	Óra után mit csinálsz?
	오러 우탄 미트 치날스
Minsu	Találkozom a barátommal és együtt ebédelünk.
	털라코좀 어 버라톰멀 에이쉬 애쥗 애베이대른크
Anna	Délután mit csinálsz?
	데이루탄 미트 치날스
Minsu	Hazamegyek és tanulok.
	허저매잭 에이쉬 터누록
Anna	Sokat tanulsz?
	쇼컷 터눌스
Minsu	Csak egy kicsit. Tanulás után tornázok és tévézek.
	철 애지 키치트 터누라쉬 우탄 토르나조크 에이쉬 테이베이잭
Anna	Este korán lefekszel?
	애쉬태 코란 래팩샐
Minsu	Igen, másnap iskola van.
	이갠 마쉬넙 이쉬콜러 번

안나	민수, 하루를 보통 어떻게 지내?
민수	아침에 일어나서 세수하고 학교에 가.
안나	수업 끝난 후에 뭐 해?
민수	친구와 만나고 같이 점심 식사해.
안나	오후에는 뭐 해?
민수	집에 가서 공부해.
안나	공부를 많이 해?
민수	조금만 해. 공부한 후에 운동하고 TV를 봐.
안나	밤에 일찍 잠자리에 들어?
민수	응, 다음 날에 학교 수업이 있어서.

- általában 보통
- hogy 어떻게
- telik (시간이) 지나가다, 흘러가다
- nap (od) 하루
- reggel 아침
- felkel 일어나다
- megmosakszik 세수하다
- iskola ('ba) 학교
- megy 가다
- óra 수업, 시간, 시계
- után ~ 후에
- csinál 하다/만들다
- találkozik 만나다
- barát (ommal) 친구
- együtt 함께, 같이
- ebédel 점심 식사하다
- délután 오후
- hazamegy 집에 가다
- tanul 공부하다
- sokat 많이
- csak 단지, 딱, 오직
- egy kicsit 조금
- tanulás 공부
- tornázik 운동하다
- tévézik 텔레비전을 보다
- este 저녁, 밤
- korán 일찍
- lefekszik 잠자리에 들다
- másnap 다음 날
- iskola van 학교수업이 있다

어휘

● Napirend / 일상생활　MP3 04-2

felkel
일어나다

megmosakszik
세수하다

fogat mos
이를 닦다

zuhanyzik
샤워하다

reggelizik
아침식사를 하다

dolgozik
일하다

tanul
공부하다

ebédel
점심식사를 하다

sétál
산책하다

olvas
독서하다

tornázik
운동하다

barátokkal találkozik
친구들과 만나다

sportol
스포츠를 하다

zenét hallgat
음악을 듣다

filmet néz
영화를 보다

pihen
쉬다

internetezik
인터넷 서핑하다

vacsorázik
저녁식사를 하다

fürdik
목욕하다

alszik
잠자다

● Tantárgyak / 과목

magyar(óra)	헝가리어 (수업)	környezetismeret(óra)	과학 (수업)
matematika(óra)	수학 (수업)	kémia(óra)	화학 (수업)
angol(óra)	영어 (수업)	biológia(óra)	생물학 (수업)
német(óra)	독일어 (수업)	fizika(óra)	물리학 (수업)
francia(óra)	불어 (수업)	ének(óra)	음악 (수업)
olasz(óra)	이탈리아어 (수업)	testnevelés(óra)	체육 (수업)
történelem(óra)	역사 (수업)	számítástechnika(óra)	컴퓨터 (수업)
földrajz(óra)	지리학 (수업)	rajz(óra)	예술 (수업)

＊ óra는 수업이라는 뜻. 과목 이름에 붙여 같이 쓰이는데, 생략할 수도 있다.

A 동사의 인칭변화

형가리어 동사는 인칭과 시제에 따라 동사의 어미가 달라진다. 그래서 동사의 어미를 통해 누가 이야기하는지, 동작이 언제(현재, 과거, 미래 등) 일어나는지를 알 수 있다. (참고로, 형가리어 사전에서 동사는 3인칭 단수형으로 표시되어 있다.) 동사 변화는 1변화와 2변화가 있으며, 현재형, 과거형, 미래형, 명령문과 조건문 등 문장의 종류에 따라서도 어미가 달라진다. 형가리어 단어들은 후설 모음, 전설 모음, 원순 모음 단어로 나눌 수 있는데, 동사에 붙는 어미는 모음조화 현상으로 인해 각 경우에 따라 달라진다. (예비학습 참고)

형가리어 동사는 다음 5가지 그룹으로 나눌 수 있으며, 각 그룹별로 동사 변화 형태가 다르다.

① 규칙 동사   ② 자음 -s, -sz, -z로 끝나는 동사
③ -ik 동사   ④ -ít 동사, 두 개 자음으로 끝나는 동사
⑤ 불규칙 동사

B 동사의 현재형(1변화)

형가리어에서 현재를 나타내는 시제는 현재형 하나이다. 즉, 현재형과 현재진행형의 구분이 없다. 현재형에는 1변화와 2변화가 있다. 이번 과에서는 1변화를 먼저 살펴보자.

5가지 그룹의 동사에 대한 현재형 1변화 규칙은 다음과 같다.

① 규칙 동사

		후설 모음 동사	전설 모음 동사	원순 모음 동사
단수	1인칭	-ok	-ek	-ök
	2인칭	-sz	-sz	-sz
	3인칭	-	-	-
복수	1인칭	-unk	-ünk	-ünk
	2인칭	-tok	-tek	-tök
	3인칭	-nak	-nek	-nek

	fut 달리다	beszél 이야기하다	ül 앉다
én	futok	beszélek	ülök
te	futsz	beszélsz	ülsz
ő-Ön	fut	beszél	ül
mi	futunk	beszélünk	ülünk
ti	futtok	beszéltek	ültök
ők-Önök	futnak	beszélnek	ülnek

② 자음 -s, -sz, -z로 끝나는 동사

-s, -sz, -z로 끝나는 동사는 2인칭 단수형에 어미 -sz를 붙이지 않고 -ol, -el, -öl를 붙인다.

		후설 모음 동사	전설 모음 동사	원순 모음 동사
단수	1인칭	-ok	-ek	-ök
	2인칭	-ol	-el	-öl
	3인칭	-	-	-
복수	1인칭	-unk	-ünk	-ünk
	2인칭	-tok	-tek	-tök
	3인칭	-nak, -anak	-nek, -enek	-nek, -enek

	mos 씻다, 빨래하다	vesz 사다	főz 요리하다
én	mosok	veszek	főzök
te	mosol	veszel	főzöl
ő-Ön	mos	vesz	főz
mi	mosunk	veszünk	főzünk
ti	mostok	vesztek	főztök
ők-Önök	mosnak	vesznek	főznek

③ -ik 동사

-ik 동사는 1인칭 단수형에 -ok, -ek, -ök를 붙이지 않고, -om, -em, -öm을 붙인다. 3인칭 단수형을 제외하고, 어미 ik를 생략한다.

		후설 모음 동사	전설 모음 동사	원순 모음 동사
단수	1인칭	-om	-em	-öm
	2인칭	-(a)sz, -s, -sz, -z + -ol	-(e)sz -s, -sz, -z + -el	-sz -s, -sz, -z + -öl
	3인칭	-	-	-
복수	1인칭	-unk	-ünk	-ünk
	2인칭	-tok	-tek	-tök
	3인칭	-nak	-(e)nek	-nek

	lakik 살다, 거주하다	dicsekedik 자랑하다	érdeklődik 문의하다
én	lakom	dicsekedem	érdeklődöm
te	laksz	dicsekedsz	érdeklődsz
ő-Ön	lakik	dicsekedik	érdeklődik
mi	lakunk	dicsekedünk	érdeklődünk
ti	laktok	dicsekedtek	érdeklődtök
ők-Önök	laknak	dicsekednek	érdeklődnek

-ik 앞이 s, sz, z로 끝나는 -ik 동사는 2인칭 단수형에 -sz를 붙이지 않고, -ol, -el, -öl을 붙인다.

	búcsúzik 이별하다	érkezik 도착하다	különbözik 다르다
te	búcsúzol	érkezel	különbözöl

④ -ít 동사, 두 개의 자음으로 끝나는 동사

-ít 동사와 두 개의 자음으로 끝나는 동사는 2인칭 단수형과 2인칭·3인칭 복수형의 경우, 발음을 쉽게 하기 위해 동사 어간에 모음을 삽입하고 인칭 어미를 붙인다.

		후설 모음 동사	전설 모음 동사	원순 모음 동사
단수	1인칭	-ok	-ek	-ök
	2인칭	-asz	-esz	esz
	3인칭	-	-	-
복수	1인칭	-unk	-ünk	-ünk
	2인칭	-otok	-etek	-ötök
	3인칭	-anak	-enek	-enek

	ásít 하품하다	kezd 시작하다	dönt 결정하다
én	ásítok	kezdek	döntök
te	ásítasz	kezdesz	döntesz
ő-Ön	ásít	kezd	dönt
mi	ásítunk	kezdünk	döntünk
ti	ásítotok	kezdetek	döntötök
ők-Önök	ásítanak	kezdenek	döntenek

⑤ 불규칙 동사

	megy 가다	jön 오다	alszik 잠을 자다
én	megyek	jövök	alszom
te	mész	jössz	alszol
ő-Ön	megy	jön	alszik
mi	megyünk	jövünk	alszunk
ti	mentek	jöttök	alszotok
ők-Önök	mennek	jönnek	alszanak

문법

	iszik 마시다	eszik 먹다	hisz 믿다
én	iszom	eszem	hiszek
te	iszol	eszel	hiszel
ő-Ön	iszik	eszik	hisz
mi	iszunk	eszünk	hiszünk
ti	isztok	esztek	hisztek
ők-Önök	isznak	esznek	hisznek

☞ 1변화를 사용하는 조건은 다음과 같다.

● 자동사는 항상 1변화를 쓴다.

| jön 오다 | megy 가다 | ül 앉다 | áll 서다 | találkozik 만나다 |

Könyvtárba megyek. 나는 도서관에 간다.

● 타동사라도 2변화에 속하지 않는 경우에는 1변화를 쓴다.

| néz 보다 | ír 쓰다 | olvas 읽다 | kap 받다 | tanul 공부하다 |

Mit csinálsz? Olvasok. 무엇을 하고 있어? 독서해.

● 타동사의 목적어 앞에 부정관사가 있는 경우
Írok egy levelet. 편지를 하나 쓴다.

● 의문사 kit(누구를), mit(무엇을), milyen(어떤), mennyit(얼마나), hányat(몇) 뒤
Mit nézel? 무엇을 보니?

● 문장 안에 senkit(아무도), semmit(아무것도), semennyit(전혀 아무것도) 등의 어휘가 있는 경우
Nem ismerek senkit. 아무도 모른다.

● 문장 안에 동사원형이 있는 경우 동사원형은 12과
Szeretek sportolni. 스포츠하는 것을 좋아한다.

ⓒ 격조사 -val/-vel

-val/vel은 사람에 붙으면 '~와', 사물에 붙으면 '~을 가지고', '~으로', 교통수단에 붙으면 '~을 타고'의 의미가 된다. 의문사에 붙어 Kivel?(누구와), Mivel?(무엇으로?, 무엇을 타고?)과 같은 형태로 쓰일 수도 있다.

명사가 모음으로 끝날 때, 후설 모음 명사에는 -val, 전설 모음 명사에는 -vel을 붙인다. 이때 a, e로 끝날 경우에는 각각 á, é로 바꾸고 붙인다.

명사가 자음으로 끝날 때도 마찬가지로 후설 모음 명사에는 -val, 전설 모음 명사에는 -vel을 붙이는데, 이때 v는 앞자음에 동화된다.

① 사람 + -val/-vel

barátom	+	val	→	barátommal	내 친구와
diák	+	val	→	diákkal	학생과
anya	+	val	→	anyával	엄마와
Minsu	+	val	→	Minsuval	민수와
Péter	+	vel	→	Péterrel	페터와

② 사물 + -val/-vel

láb	+	val	→	lábbal	다리로
toll	+	val	→	tollal	펜으로
kanál	+	val	→	kanállal	숟가락으로
kés	+	vel	→	késsel	칼로
villa	+	val	→	villával	포크로
ceruza	+	val	→	ceruzával	연필로

③ 교통수단 + -val/-vel

autó	+	val	→	autóval	차를 타고
busz	+	val	→	busszal	버스를 타고
bicikli	+	vel	→	biciklivel	자전거를 타고
repülő	+	vel	→	repülővel	비행기를 타고
vonat	+	val	→	vonattal	기차를 타고

연습문제

1. 다음 동사들을 아래 5그룹으로 나누어 쓰세요.

megy	jön	alszik	eszik	tanul	főz	mos	utazik	találkozik
ír	olvas	fest	tanít	tud	él	visz	beszél	néz
lát	iszik	hoz	vesz	táncol	tornázik	fut	mond	dolgozik
emel	énekel	dönt	fordít	rak	javít	aggódik		lakik

(1) 규칙 동사 ► _____

(2) -s, sz, z로 끝나는 동사 ► _____

(3) -ik 동사 ► _____

(4) -ít 동사, 두 개 자음으로 끝나는 동사 ► _____

(5) 불규칙 동사 ► _____

2. 다음 동사들의 현재형 1변화 형태를 쓰세요.

(1) **iszik** (마시다)

ők _____

te _____

(2) **alszik** (잠자다)

ő _____

ti _____

(3) **takarít** (청소하다)

én _____

mi _____

(4) **hallgat** (듣다)

én _____

ti _____

(5) **dönt** (결정하다)

te _____

ő _____

(6) **megy** (가다)

mi _____

ők _____

(7) **ad** (주다)

ő _____

mi _____

(8) **kér** (부탁하다)

én _____

ők _____

(9) **főz** (요리하다)

te _____

ti _____

3. 주어진 동사를 알맞은 형태로 바꾸어 빈칸을 채우세요. (현재형 1변화)

(1) lakik 살다

   ▶ Hol _____? (te)

   ▶ Melyik városban _____? (ő)

   ▶ Messze _____? (ti)

(2) megy 가다

   ▶ Mikor _____ Magyarországra? (ők)

   ▶ Kedden _____ haza? (te)

   ▶ Hová _____ hétvégén? (mi)

4. 다음 빈칸에 −val, −vel 을 알맞은 형태로 쓰세요.

(1) Minden reggel villamos_____ megy az iskolába.

(2) Éva busz_____ megy a piacra.

(3) Mari Feri_____ utazik Amerikába.

(4) Autó_____ megyünk a moziba.

(5) Anna_____ találkozom.

(6) Ceruza_____ írom a dolgozatot.

이번에는 마트에서 식료품을 사볼까요? 다양한 식료품 어휘를 알아보고, "~을 주세요"라고 말할 때 '을/를'에 해당하는 말을 어떻게 표현하는지 알아보겠습니다.

Vásárlás

장보기

Bolti eladó	**Jó napot kívánok! Mit parancsol?** 요 나포트 키바녹 미트 퍼런촐
Minsu	**Egy fél kiló paradicsomot kérek.** 애지 페일 킬로 퍼러디초몯 케이랙
Bolti eladó	**Sajnos a paradicsom elfogyott.** 셔이노쉬 어 퍼러디촘 앨포죧 **Van viszont nagyon finom, friss paprika.** 번 비쏜트 너죤 피놈 프리쉬 퍼프리커
Minsu	**Jó, akkor paprikát kérek.** 요 억콜 퍼프리칻 케이랙
Bolti eladó	**Melyik paprikát kéri?** 매익 퍼프리칻 케이리
Minsu	**Azt a zöld paprikát kérem.** 어스트 어 죌드 퍼프리칻 케이램
Bolti eladó	**Még más valamit?** 메이그 마쉬 벌러밑
Minsu	**Köszönöm ennyi lesz. Hol találom a virslit?** 쾨쇠뇜 앤니 래스 홀 털라롬 어 빌쉬릳
Bolti eladó	**A virsli a pékáru mellett van.** 어 빌쉬리 어 페이크아루 맬랱 번
Minsu	**Köszönöm. Viszontlátásra.** 쾨쇠뇜 비쏜트라타쉬러

판매원	안녕하세요. 무엇을 드릴까요?
민수	토마토 반 킬로 주세요.
판매원	미안하지만 토마토가 떨어졌어요. 그러나 너무 맛있고 싱싱한 파프리카가 있는데요.
민수	그럼 파프리카 주세요.
판매원	어떤 파프리카를 드릴까요?
민수	녹색 파프리카를 주세요.
판매원	더 필요하신 거 있으세요?
민수	아니요, 이게 다예요. 소시지를 어디서 찾아요?
판매원	소시지는 빵 제품 옆에 있어요.
민수	고맙습니다. 안녕히 계세요.

- parancsol 시키다, 명령하다
- mit parancsol? 무엇을 드릴까요?
- paradicsom 토마토
- kér 부탁하다
- sajnos 미안하지만, 안타깝게도
- elfogy (elfogyott) 떨어지다, 없어지다
- viszont 반면에, 그러나

- friss 싱싱하다
- paprika 파프리카
- zöld 녹색
- még 다시, 도
- más 다른 것
- valami 어떤 것(영어의 something)

- még más valamit? 더 필요하신 거 있으세요?
- ennyi 이만큼, 이정도
- talál 찾다
- virsli 소시지
- pékáru 빵 제품
- mellett 옆에

어휘

● Gyümölcs / 과일

alma	사과	narancs	오렌지
körte	배	cseresznye	체리
szőlő	포도	szilva	자두
banán	바나나	dinnye	수박
barack	복숭아	eper	딸기

● Zöldség / 야채

hagyma	양파	répa	당근
fokhagyma	마늘	káposzta	양배추
paprika	파프리카	burgonya	감자
paradicsom	토마토	uborka	오이

● Tejtermék / 유제품

tej	우유	vaj	버터
joghurt	요구르트	tejföl	사워 크림
sajt	치즈	kakaó	초코우유

● Hentesáru / 육류, 육가공품

sonka	햄	hús	고기
szalámi	살라미	disznóhús	돼지고기
virsli	소시지	csirkehús	닭고기
kolbász	훈제 소시지	marhahús	소고기

● pékáru, Édesség, Ital / 빵, 과자, 음료

kenyér	빵	zsemle	둥근 빵
kifli	반달 모양의 빵	torta	케이크
fagylalt, fagyi	아이스크림	csokoládé	초콜릿
sütemény	쿠키	cukorka	사탕
kávé	커피	sör	맥주
tea	차	víz	물
bor	와인	gyümölcslé	과일주스

● Egyéb / 기타

tojás	달걀	só	소금
liszt	밀가루	cukor	설탕
bors	후추	pirospaprika	고춧가루

● 수량의 표현

egy csokor virág	꽃 한 다발	egy korsó sör	맥주 한 잔
egy doboz csokoládé/csoki	초콜릿 한 상자	egy üveg bor	와인 한 병
egy doboz cigaretta/cigi	담배 한 갑	egy kiló …	~ 1 킬로
egy doboz gyufa	성냥 한 갑	egy fél liter …	~ 반 리터
egy pohár víz	물 한 잔	egy csésze kávé	커피 한 잔

Ⓐ 목적격(을/를)

헝가리어는 목적격을 만들 때 단어 끝에 어미 t를 붙인다. 목적격 어미 t는 명사뿐만 아니라 형용사에도 붙인다. 명사와 형용사가 자음으로 끝나는 경우에는 발음을 쉽게 하기 위해 모음 a, e, o, ö 중 하나를 넣고 t를 붙인다.

① -t

모음으로 끝나는 명사와 형용사 뒤에는 t만 붙인다. 단모음(a, e)으로 끝날 때는 단모음을 장모음(á, é)으로 바꾸고 t를 붙인다. -r, -s, -sz, -ny로 끝나는 단어 뒤에는 대부분 t만 붙인다.

kifli	+	t	→	kiflit	반달 모양의 빵
alma	+	t	→	almát	사과
kávé	+	t	→	kávét	커피
tojás	+	t	→	tojást	달걀
sütemény	+	t	→	süteményt	쿠키

② -et

-cs, -t, -ty, -gy, -k, -m으로 끝나는 단어 뒤에는 대부분의 경우, 발음을 쉽게 하기 위해 삽입 모음 e를 넣고 t를 붙인다.

pék	+	t	→	péket	빵 굽는 사람
meggy	+	t	→	meggyet	사워 체리
gyerek	+	t	→	gyereket	아이

③ -ot

후설 모음 단어의 대부분은 발음을 쉽게 하기 위해 삽입 모음 o를 넣고 t를 붙인다. 가끔 전설 모음 단어 뒤에도 붙는다.

barát	+	t	→	barátot	친구
barack	+	t	→	barackot	복숭아
újság	+	t	→	újságot	신문
fagylalt	+	t	→	fagylaltot	아이스크림

④ -at

모음 **a**, **á**가 들어간 1음절 단어의 경우에는 발음을 쉽게 하기 위해 삽입 모음 **a**를 넣고 **t**를 붙인다.

hal	+	t	→	halat	물고기
ház	+	t	→	házat	집
vaj	+	t	→	vajat	버터

⑤ -öt

단어 안에 모음이 **ö**, **ő**, **ü**, **ű**인 명사나 형용사의 경우 발음을 쉽게 하기 위해 삽입 모음 **ö**를 넣고 **t**를 붙인다.

bőrönd	+	t	→	bőröndöt	짐
gyümölcs	+	t	→	gyümölcsöt	과일

예외 sült + t → sültet 구운 요리 　　　　pörkölt + t → pörköltet 스튜 요리

⑥ 예외

· 장모음이 단모음으로 바뀌는 경우

víz	+	t	→	vizet	물
tél	+	t	→	telet	겨울
kenyér	+	t	→	kenyeret	빵
egér	+	t	→	egeret	딸기
út	+	t	→	utat	길
nyár	+	t	→	nyarat	여름
madár	+	t	→	madarat	새

· 어근이 변하는 경우

kő	+	t	→	követ	돌
tó	+	t	→	tavat	호수
hó	+	t	→	havat	눈
ló	+	t	→	lovat	말
fű	+	t	→	füvet	풀

문법

· 모음이 탈락하는 경우

eper	+	t	→	epret	딸기
álom	+	t	→	álmot	꿈
étterem	+	t	→	éttermet	식당, 레스토랑

B 동사의 현재형(2변화)

5가지 그룹의 동사에 대한 현재형 2변화 규칙은 다음과 같다.

① 규칙 동사

		후설 모음 동사	전설 모음 동사	원순 모음 동사
단수	1인칭	-om	-em	-öm
	2인칭	-od	-ed	-öd
	3인칭	-ja	-i	-i
복수	1인칭	-juk	-jük	-jük
	2인칭	-játok	-itek	-itek
	3인칭	-ják	-ik	-ik

	ad 주다	beszél 이야기하다	köt 맺다, 묶다
én	adom	beszélem	kötöm
te	adod	beszéled	kötöd
ő-Ön	adja	beszéli	köti
mi	adjuk	beszéljük	kötjük
ti	adjátok	beszélitek	kötitek
ők	adják	beszélik	kötik

② 자음 -s, -sz, -z로 끝나는 동사

		후설 모음 동사	전설 모음 동사	원순 모음 동사
단수	1인칭	-om	-em	-öm
	2인칭	-od	-ed	-öd
	3인칭	-sa, -sza, -za	-i	-i
복수	1인칭	-suk, -zuk	-sük, -zük	-sük, -zük
	2인칭	-sátok, -zátok	-itek	-itek
	3인칭	-sák, -zák	-ik	-ik

	mos 씻다/ 빨래하다	néz 보다	főz 요리하다
én	mosom	nézem	főzöm
te	mosod	nézed	főzöd
ő	mossa	nézi	főzi
mi	mossuk	nézzük	főzzük
ti	mossátok	nézitek	főzitek
ők	mossák	nézik	főzik

③ -ít 동사, 두 개의 자음으로 끝나는 동사

		후설 모음 동사	전설 모음 동사	원순 모음 동사
단수	1인칭	-om	-em	-öm
	2인칭	-od	-ed	-öd
	3인칭	-ja	-i	-i
복수	1인칭	-juk	-jük	-jük
	2인칭	-játok	-itek	-itek
	3인칭	-ják, -ik	-ják, -ik	-ják, -ik

	fordít 번역하다	fest 칠하다	költ (돈을) 쓰다
én	fordítom	festem	költöm
te	fordítod	fested	költöd
ő	fordítja	festi	költi
mi	fordítjuk	festjük	költjük
ti	fordítjátok	festitek	költitek
ők	fordítják	festik	költik

④ 불규칙 동사

	hisz 믿다	iszik 마시다	eszik 먹다
én	hiszem	iszom	eszem
te	hiszed	iszod	eszed
ő	hiszi	issza	eszi
mi	hisszük	isszuk	esszük
ti	hiszitek	isszátok	eszitek
ők	hiszik	isszák	eszik

	visz 가져가다	vesz 사다	tesz 하다/놓다
én	viszem	veszem	teszem
te	viszed	veszed	teszed
ő	viszi	veszi	teszi
mi	visszük	vesszük	tesszük
ti	viszitek	veszitek	teszitek
ők	viszik	veszik	teszik

☞ 2변화를 사용하는 조건은 다음과 같다.

● 목적어 앞에 정관사(a, az)가 있을 때

Szereted a banánt? 바나나를 좋아해?

● 목적어가 '이것을', '그것을'의 ezt, azt일 때

Ezt kérem. 이것을 주세요.

● 목적어가 사람이나 장소의 이름 등 고유명사일 때

Jól ismerem Budapestet. 부다페스트를 잘 알아.

● 목적어가 3인칭 단수, 복수 őt, Önt, őket, Önöket 일 때

Minsu őt várja. 민수는 그를 기다려요.

● 목적어에 소유격 어미가 있을 때

Én megiszom a kávéját. 나는 그의 커피를 마셔요.

● 목적어가 egymást(서로), mindet(모두 다)일 때

Mindet kérem. 다 주세요.

● 의문사 melyik(어느 것/어느, 어떤), melyiket(어느 것을), hányadik(몇 번째, 몇 층 등)가 쓰인 문장일 때

Melyik süteményt kéri? 어떤 케이크를 드릴까요?

연습문제

1. 다음 단어의 목적격 형태를 쓰세요.

barack		paradicsom	
paprika		körte	
narancs		bor	
hús		víz	
liszt		eper	
tojás		vaj	
tea		sajt	

2. 다음 동사들의 현재형 2변화 형태를 쓰세요.

(1) **iszik** (마시다)
ők _____
te _____

(2) **tanul** (공부하다)
ő _____
ti _____

(3) **takarít** (청소하다)
én _____
mi _____

(4) **hallgat** (듣다)
én _____
ti _____

(5) **olvas** (읽다)
te _____
ő _____

(6) **akar** (원하다)
mi _____
ők _____

(7) **ad** (주다)
ő _____
mi _____

(8) **kér** (부탁하다)
én _____
ők _____

(9) **főz** (요리하다)
te _____
ti _____

3. 괄호 안에 알맞은 동사의 형태를 고르세요.

    (1) Egy könyvet (olvasok / olvasom).

    (2) Este otthon (nézek / nézem) a tévét.

    (3) Étteremben (ebédelek / ebédelem).

    (4) Mikor (iszunk / isszuk) kávét?

    (5) Ki (szeret / szereti) a sört?

    (6) Holnap (veszek / veszem) egy szoknyát.

    (7) (Kérsz / Kéred) sütit?

    (8) Anna a szendvicset (eszik / eszi).

    (9) (Szeretek / Szeretem) a magyar nyelvet.

    (10) (Szeretek / Szeretem) a palacsintát.

4. 괄호 안의 동사를 현재형 1변화나 2변화로 알맞게 고쳐 쓰세요.

    (1) Ebben a házban _____ (lakik) a koreai diákok. (ők)

    (2) A fotelban _____ (ül) és egy jó könyvet _____ (olvas). (én)

    (3) Koreában _____ (él). (én)

    (4) Reggel _____ (felöltözik). (én)

    (5) Reggel _____ (felvesz) egy pólót. (én)

    (6) (te) _____ (szeret) a sört?

    (7) (ti) Nem _____ (hív) egy taxit?

    (8) Ebéd előtt mindig kezet _____ (mos). (ő)

—

시간과 날짜를 말하는 연습을 해볼까요? 헝가리어 숫자를 익히고, '때'나 '시간'을 나타내는 방법을 알아보겠습니다.

Idő és dátum

시간과 날짜

Minsu	Hányadika van ma?
	허녀다커 　　　 번 머
Anna	December huszonharmadika.
	대챔배르 　　　 후쏜허르머디커
Minsu	Kedd van?
	캐드 　 번
Anna	Nem kedd van, hanem szerda.
	냄 　 캐드 　 번 　 허냄 　　 쌔르더
Minsu	Ah, tényleg, holnap karácsony. Karácsonykor mit csinálsz?
	어 　 테인렉 　　 홀넙 　 커라쳔니 　　　 커라쳔코르 　　　 미트 치날스
Anna	Síelek a családommal.
	쉬앨액 　 어 철라돔멀
Minsu	Mióta síelsz?
	미오터 　　 쉬앨스
Anna	Hét éves korom óta. Te mit csinálsz karácsonykor?
	헤이트 에이배쉬 코롬 　　　 오터 태 미트 치날스 　　 커라쳔코르
Minsu	Pihenek. Délután pedig moziba megyek.
	피해낵 　　　 데이루탄 　　 패딕 　 모지버 　　 매잭
Anna	Hány órakor mész?
	하니 　 오러코르 　 메이스
Minsu	Három óra fele.
	하롬 　　 오러 패래
Anna	Jó szórakozást!
	요 　 소러코자쉬트

민수	오늘이 몇 월 며칠이야?
안나	12월 23일이야.
민수	화요일이지?
안나	아니, 수요일이야.
민수	아, 내일은 크리스마스네. 크리스마스 때 뭐 해?
안나	가족과 함께 스키를 탈 거야.
민수	스키를 탄 지 얼마나 됐어?
안나	7살 때부터 스키를 탔어. 너는 크리스마스 때 뭐 할 거야?
민수	쉬어. 오후에 영화관에 갈 거야.
안나	영화관에 몇 시에 갈 거야?
민수	3시쯤.
안나	재미있게 놀아.

□ ma 오늘
□ kedd 화요일
□ szerda 수요일
□ nem A hanem B A가 아니라 B다
□ tényleg 정말. 참
□ holnap 내일
□ karácsony 크리스마스

□ síel 스키를 타다
□ családommal 내 가족과
□ mióta? 언제부터?
□ hét éves 7살
□ kor 시대. 연령
□ óta ~부터
□ délután 오후

□ pedig 그런데
□ mozi 영화관
□ hány órakor? 몇 시에?
□ három 3
□ óra fele ~시쯤
□ Jó szórakozást! 재미있게 놀아!

어휘

● 수 (1)

MP3 **06-2**

1	egy	11	tizenegy
2	kettő (két)	12	tizenkettő
3	három	13	tizenhárom
4	négy	14	tizennégy
5	öt	15	tizenöt
6	hat	16	tizenhat
7	hét	17	tizenhét
8	nyolc	18	tizennyolc
9	kilenc	19	tizenkilenc
10	tíz	20	húsz

* 0은 'nulla'
* kettő와 két은 둘 다 2를 의미하는데, kettő는 단독으로 쓸 수 있고, két는 뒤에 '(형용사) + 명사'를 동반하여 쓴다.

　　Két almát kérek. 사과 2개를 주세요.　　　　　　Ezt a kettőt. 이 두 개다.

● 수 (2)

30	harminc	90	kilencven
40	negyven	100	száz
50	ötven	1000	ezer
60	hatvan	10000	tízezer
70	hetven	100000	százezer
80	nyolcvan	1000000	egymillió
66	hatvanhat	2100	kétezer-egyszáz
102	százkettő	5000	ötezer
1156	ezeregyszázötvenhat	103500	százháromezer-ötszáz

* 2000 이하의 숫자는 각 자리의 숫자를 모두 붙여 쓰지만 2000 이상은 −으로 연결한다.

● 서수

기수에 -dik를 붙인다. 기수가 자음으로 끝날 때는 삽입 모음 a, e, o, ö 중 하나를 넣고 붙인다.

1번째	első	11번째	tizenegyedik	30번째	harmincadik
2번째	második	12번째	tizenkettedik	40번째	negyvenedik
3번째	harmadik	13번째	tizenharmadik	50번째	ötvenedik
4번째	negyedik	14번째	tizennegyedik	60번째	hatvanadik
5번째	ötödik	15번째	tizenötödik	70번째	hetvenedik
6번째	hatodik	16번째	tizenhatodik	80번째	nyolcvanadik
7번째	hetedik	17번째	tizenhetedik	90번째	kilencvenedik
8번째	nyolcadik	18번째	tizennyolcadik	100번째	századik
9번째	kilencedik	19번째	tizenkilencedik	1000번째	ezredik
10번째	tizedik	20번째	huszadik		

> **주의** ☆
>
> '1번째', '2번째'는 기수와 다른 형태이며, 이 외에도 기수의 어근이 변하기도 한다.

● 달

január	február	március	április
1월	2월	3월	4월
május	**június**	**július**	**augusztus**
5월	6월	7월	8월
szeptember	**október**	**november**	**december**
9월	10월	11월	12월

● 요일

hétfő	kedd	szerda	csütörtök
월요일	화요일	수요일	목요일
péntek	**szombat**	**vasárnap**	
금요일	토요일	일요일	

문법

Ⓐ 나이 말하기

나이를 말할 때는 **van** 동사를 써서, '나이(숫자)＋**éves**＋**van** 동사' 형태로 쓴다. **éves**는 '살'이라는 뜻이다.

A: Hány éves vagy? 　　　　　　　너는 몇 살이야?
B: (Én) húsz éves vagyok. 　　　　(나는) 20살이야.

A: Hány éves Minsu? 　　　　　　민수는 몇 살이야?
B: Minsu huszonhárom éves. 　　민수는 23살이야.
　　(Ő) húsz éves. 　　　　　　　(그는) 20살이야. (3인칭에서는 van 동사를 생략)

Ⓑ 시간 말하기

시간을 말할 때는 '기수＋**óra**(시)＋기수＋**perc**(분)＋**van** 동사' 형태로 쓴다.
일상생활에서는 12시간제를 사용하고, TV나 라디오의 시간표, 열차운행 시간표 등 공식적인 시간 일정을 나타낼 때는 24시간제를 사용한다.

Mennyi az idő? Hány óra van? Hány óra? (지금은 몇 시예요?)

Három óra hat perc van. 　　　　　3시 6분이에요.
Hét óra huszonkét perc van. 　　　7시 22분이에요.
Tíz óra ötvenhárom perc van. 　　10시 53분이에요.
Tizenöt óra húsz perc van. 　　　15시 20분이에요.

● 정각 표현

3:00 　　　Három óra van. 　　　3시예요.
7:00 　　　Hét óra van. 　　　　7시예요.
10:00 　　Tíz óra van. 　　　　10시예요.

● '15분' 표현

'15분'을 말할 때는 '**15 perc**' 외에 '**negyed**(1/4)＋기수(시)＋**van** 동사' 형태로도 쓸 수 있다.

이때 주의할 점은 **negyed** 뒤에 나오는 시간은 원래 시간에서 1시간을 더한 시간을 쓴다.

2시 15분	Negyed három **van**.	2시 15분이에요. (1/4 + 3)
6시 15분	Negyed hét **van**.	6시 15분이에요. (1/4 + 7)
9시 15분	Negyed tíz **van**.	9시 15분이에요. (1/4 + 10)

● **'30분' 표현**

'30분'을 말할 때는 '**30 perc**' 외에 '**fél**(1/2)+기수(시)+**van** 동사' 형태로도 쓴다. 이때도 마찬가지로 **fél** 뒤에 나오는 시간은 원래 시간에서 1시간을 더한 시간을 쓴다.

2시 30분	Fél három **van**.	2시 30분이에요. (1/2 + 3)
6시 30분	Fél hét **van**.	6시 30분이에요. (1/2 + 7)
9시 30분	Fél tíz **van**.	9시 30분이에요. (1/2 + 10)

● **'45분' 표현**

'45분'을 말할 때는 '**45 perc**' 외에 '**háromnegyed**(3/4)+기수(시)+**van** 동사' 형태로도 쓴다. **háromnegyed** 뒤에 나오는 시간도 원래 시간에서 1시간을 더한 시간을 쓴다.

2시 45분	Háromnegyed három **van**.	2시45분이에요. (3/4 + 3)
6시 45분	Háromnegyed hét **van**.	6시45분이에요. (3/4 + 7)
9시 45분	Háromnegyed tíz **van**.	9시45분이에요. (3/4 + 10)

ⓒ 때를 나타내는 접미사

Hány órakor? Hánykor?(몇 시에?) 혹은 **Mikor?**(언제?) 라는 질문에 대답할 때, 각각 다음과 같은 접미사를 붙인다.

① **시간 뒤에 -kor**

Hánykor találkozunk?	우리는 몇 시에 만나요?
Hat órakor / Hatkor találkozunk.	우리는 6시에 만나요.
Kilenc órakor / Kilenckor iskolába megyek.	나는 9시에 학교에 가요.
Mikor reggelizel?	언제 아침식사를 해요?
Fél nyolckor reggelizek.	나는 7시 반에 아침식사를 해요.

문법

-kor는 시간뿐만 아니라 **karácsony**kor(크리스마스에), **szilveszter**kor(새해 전날 밤에), **húsvét**kor(부활절에), **születésnapom**kor/**szülinapom**kor(내 생일에) 등 특정 날 앞에 붙이기도 한다.

② 달 뒤에 -ban/ben

후설 모음 단어 뒤에 **ban**, 전설 모음 단어 뒤에 **ben**을 붙인다.

januárban 1월에　　　　　　　　**március**ban 2월에

szeptemberben 9월에　　　　　**december**ben 12월에

③ 일 뒤에 -n

'일'은 서수에 -a(후설 모음 서수), -e(전설 모음 서수)를 붙여 나타낸다. '~일에'는 일 뒤에 -n을 붙여 나타내는데, 이때 a는 á로, e는 é로 바꾼 후에 n를 붙인다.

másodika 2일　　　　　　　　**másodikán** 2일에

tizedike 10일　　　　　　　　**tizedikén** 10일에

> ⭐ 주의
> '1일'은 서수와 형태가 다르다.
> **elseje** 1일　　　　**elsején** 1일에

④ 요일 뒤에 -n

모음으로 끝나는 요일명 뒤에는 -n를 붙인다. 단, a로 끝나는 경우에는 a를 á로 바꾸고 -n를 붙인다. 자음으로 끝날 때는 삽입 모음 e, o, ö 중 하나를 넣고 -n를 붙인다.

hétfőn 월요일에　　　　**kedde**n 화요일에　　　　**szerdá**n 수요일에

csütörtökön 목요일에　　**pénteke**n 금요일에　　**szombato**n 토요일에

> ⭐ 주의
> '일요일' vasárnap에는 -n을 붙이지 않는다.

D 시간을 나타내는 후치사

előtt	~전에	belül	~안에
alatt	~동안에, 중에, 안에	után	~후에
között	~사이에	közben	~동시에, 동안에
fele, felé	~쯤에/경에/무렵에	körül, tájt, tájban	~쯤에, 약, 대략
múlva	~지난 후에	óta	~부터, ~이래로

Nyolc óra előtt nincs nyitva a bolt.　가게는 8시 전에 문을 열지 않는다.
Óra után találkozunk.　우리는 수업이 끝난 후에 만난다.

※ óta

후치사 **óta**의 주요 뜻은 '~부터'이다. 의문사 **mióta**의 뜻도 '언제부터'라는 뜻으로, '~한 지 얼마나 되었나요?'라고 물을 때 사용한다.

Mióta ismered Minsut?　민수를 안 지 얼마나 되니?
2014 óta Magyarországon élek.　나는 2014년부터 헝가리에서 살고 있어.
Hat óta várlak!　6시부터 너를 기다리고 있어.
Augusztus óta nem dolgozom.　나는 8월부터 일을 안 해.

'지정되지 않은 기간' 또는 '아직 일어나지 않은 일'을 표현할 때도 후치사 **óta**를 쓴다.

napok óta　며칠 동안　　hónapok óta　몇 달 동안
hetek óta　몇 주 동안　　évek óta　몇 년 동안

E nem A hanem B

'A가 아니라 B다'라는 뜻이다. **hanem**은 부정적인 표현을 교정할 때 쓰인다.

Minsu nem magyar, hanem koreai.　민수는 헝가리 사람이 아니라 한국 사람이다.
Az nem ember, hanem hóember.　저것은 사람이 아니라 눈사람이다.

연습문제

1. 다음 전화번호를 헝가리어로 쓰고 읽어 보세요.

   (1) 06-30-451-3278

     ▶ _____

   (2) 06-20-287-4613

     ▶ _____

   (3) 06-70-123-8852

     ▶ _____

   (4) 06-30-569-0148

     ▶ _____

2. 다음 시간을 헝가리어로 쓰고 읽어 보세요.

   (1) 9:00   ▶ _____

   (2) 10:05   ▶ _____

   (3) 11:20   ▶ _____

   (4) 12:30   ▶ _____

   (5) 15:45   ▶ _____

   (6) 2:00   ▶ _____

   (7) 7:55   ▶ _____

   (8) 1:15   ▶ _____

3. 각 질문에 주어진 시간을 넣어 답하세요.

> | 보기 |　**Mikor kel fel Minsu?** 민수는 몇 시에 일어나요? (아침 7시)
>
> ▶ Minsu reggel hét órakor kel fel.

(1) **Hánykor sportol Minsu?** 민수는 몇 시에 운동해요? (오전 9시)

▶ _____

(2) **Mikor tanul Minsu?** 민수는 몇 시에 공부해요? (오후 2시)

▶ _____

(3) **Mikor kezdődik a film?** 영화는 몇 시에 시작해요? (밤 8시)

▶ _____

4. 다음 일정표를 보고 질문에 답하세요.

12/1	anya szülinapja	12/4	állásinterjú
12/10	mozi Minsuval	12/16	vacsora Évával

> | 보기 |　**Hanyadikán van anya szülinapja?** 엄마의 생일은 몇 월 며칠이에요?
>
> ▶ December elsején.

(1) **Hanyadikán van az állásinterjú?** 면접은 몇 월 며칠이에요?

▶ _____

(2) **Hanyadikán mész moziba Minsuval?** 민수와 몇 월 며칠에 영화관에 가요?

▶ _____

(3) **Hanyadikán vacsorázol Évával?** 에바와 몇 월 며칠에 저녁식사를 해요?

▶ _____

Lecke

7

이번에는 옷을 사러 가볼까요? 의복과 신발 및 색깔 어휘를 익히고 형용사와 부사의 비교급과 최상급 표현을 알아보겠습니다.

Ruhavásárlás

옷 사기

Minsu	Jó napot kívánok!
	요 나포트 키바녹
Eladó	Jó napot kívánok! Mit parancsol?
	요 나포트 키바녹 미트 퍼런촐
Minsu	Csak nézelődöm.
	척 네이재뢰됨
	Ezt a két nadrágot felpróbálom.
	애슽 어 케잇 너드라곹 팰프로바롬
Eladó	Csak tessék! Itt van a próbafülke.
	척 테씨크 이트 완 어 프루바퓰케
Minsu	Ez a nadrág sokkal bővebb, mint a másik. Nincsen kisebb?
	애즈 어 나드라그 쇽컬 뵈배브 민트 어 마쇡 닌챈 키쉡
Eladó	De van. Parancsoljon!
	대 번 퍼런촐욘
Minsu	Van más színben is?
	번 마쉬 씬밴 이쉬
Eladó	Van kék, fehér és fekete.
	번 케잌 패헤이르 에이쉬 패캐태
Minsu	Akkor a fehéret kérem. A fekete színű ruha a legmelegebb nyáron.
	어코르 어 패헤이랫 케이램 어 패캐태 씨느 루하 어 래그맬래갭 냐론

민수	안녕하세요!
판매원	안녕하세요! 무엇을 도와드릴까요?
민수	그냥 구경하고 있어요. 이 두 바지를 입어볼게요.
판매원	그렇게 하세요. 탈의실은 여기예요.
민수	이 바지는 다른 것보다 훨씬 더 커요. 더 작은 것 있나요?
판매원	네 있어요. 여기 있어요.
민수	다른 색깔도 있나요?
판매원	파란색, 하얀색과 검은색이 있어요.
민수	그럼 하얀색으로 주세요. 여름에는 검은색 옷이 제일 덥잖아요.

□ nézelődik 구경하다
□ nadrág 바지
□ sokkal 훨씬, 더 많이
□ bő 넓다
□ mint ~보다
□ másik 다른 것

□ kicsi 작다
□ parancsoljon 여기 있습니다
□ szín 색깔
□ kék 파랑
□ fehér 하양

□ fekete 검정
□ akkor 그럼
□ ruha 옷
□ meleg 덥다
□ nyár 여름

● Szín / 색깔

MP3 07-2

piros 빨간색

barna 갈색

kék 파란색

rózsaszín 분홍색

zöld 초록색

lila 보라색

sárga 노란색

narancssárga 주황색

fekete 검은색

szürke 회색

fehér 하얀색

※ 대부분의 색깔은 világos(밝은), sötét(짙은) 등의 단어와 같이 쓸 수 있다. 예를 들어, világoskék은 '밝은 파란색', sötétkék은 '짙은 파란색'이란 뜻이 된다. '빨간색'을 뜻하는 단어는 piros외에 vörös도 있는데, '레드 와인'이나 '빨간 머리' 등을 말할 때는 vörös를 써야 한다.

● Cipő / 신발, 구두

cipő	신발	magassarkú cipő	하이힐
csizma	부츠	papucs	슬리퍼
sportcipő, tornacipő	운동화	szandál	샌들

● Ruha / 옷

szoknya 치마

nadrág 바지

póló 티셔츠

farmernadrág 청바지

rövidnadrág 반바지

egyberuha
원피스

blúz 블라우스

pulóver 스웨터

ing 셔츠

kardigán 카디건

kabát 코트

pizsama 잠옷, 파자마

bugyi 팬티

alsónadrág 속바지

melltartó 브라

zokni 양말

harisnya 스타킹

sapka 모자

sál 목도리

nyakkendő 넥타이

문법

Ⓐ 형용사의 비교급, 최상급

형용사의 비교급은 형용사에 비교급 어미 -bb를 붙여 만든다. 이는 모음으로 끝나는 형용사의 경우이며, 이 중 단모음으로 끝나는 형용사는 단모음이 장모음으로 바뀌고 -bb가 붙는다. 즉, a → á, e → é로 바뀐다. 자음으로 끝나는 형용사의 경우에는 모음을 첨가하고 붙이는데, '후설모음+자음'으로 끝날 경우 -abb, '전설모음+자음'으로 끝날 경우 -ebb를 붙인다. 단, '후설모음+자음'으로 끝나는 단어에 -obb가 붙는 경우도 있다.

형용사의 최상급은 비교급 앞에 **leg-**를 붙인다. 최상급 앞에는 정관사 **a**를 쓴다.

● 모음으로 끝나는 형용사

원급	의미	비교급	최상급
olcsó	싼	olcsóbb	a legolcsóbb
drága	비싼	drágább	a legdrágább
lusta	게으른	lustább	a leglustább
fekete	검은	feketébb	a legfeketébb
csúnya	못생긴	csúnyább	a legcsúnyább
buta	어리석은	butább	a legbutább
keserű	쓴	keserűbb	a legkeserűbb
szomorú	슬픈	szomorúbb	a legszomorúbb

● 자음으로 끝나는 형용사

원급	의미	비교급	최상급
meleg	더운	melegebb	a legmelegebb
édes	달콤한	édesebb	a legédesebb
kövér	뚱뚱한	kövérebb	a legkövérebb
ügyes	유능한	ügyesebb	a legügyesebb
magas	높은	magasabb	a legmagasabb
okos	똑똑한	okosabb	a legokosabb
nagy	큰	nagyobb	a legnagyobb

● 불규칙 형용사

원급	의미	비교급	최상급
kevés	적다	kevesebb	a legkevesebb
nehéz	무겁다/힘들다	nehezebb	a legnehezebb
jó	좋다	jobb	a legjobb
kicsi	작다	kisebb	a legkisebb
lassú	느리다	lassabb	a leglassabb
hosszú	길다	hosszabb	a leghosszabb
szép	아름답다	szebb	a legszebb
könnyű	가볍다/쉽다	könnyebb	a legkönnyebb
sok	많다	több	a legtöbb

두 대상을 비교할 때 비교 대상 앞에는 '~보다'라는 뜻의 **mint**를 쓴다. mint 대신에 비교 대상이 되는 단어 끝에 어미 **-nál/nél**을 붙이기도 한다.

    Dél-Korea modernebb ország, mint Magyarország.   한국은 헝가리보다 더 현대적인 나라이다.
    (= Dél Korea modernebb ország Magyaroszágnál.)
    A magyar nehezebb nyelv, mint a koreai.   헝가리어는 한국어보다 더 어려운 언어이다.
    (= A magyar nehezebb nyelv a koreainál.)

비교급을 강조할 때에는 비교급 앞에 '훨씬'이란 뜻의 **sokkal, jóval**를 쓴다.

    A torta sokkal finomabb, mint a zöldség.   케이크는 야채보다 훨씬 더 맛있다.
    (= A torta sokkal finomabb a zöldségnél.)
    Budapest jóval kisebb, mint Szöul.   부다페스트는 서울보다 훨씬 더 작다.
    (= Budapest jóval kisebb Szöulnál.)

두 대상이 서로 동등함을 표현할 때는 형용사 앞에 **ilyen**이나 **olyan**을 쓰고 비교 대상 앞에 **mint**를 쓴다.

    Minsu már olyan magas, mint az apja.   민수는 아빠만큼 키가 크다.
    Peti nem olyan okos, mint Minsu.   페티는 민수만큼 똑똑하지 않다.

※ **az egyik+최상급+명사** : 가장 ~한 (명사) 중 하나

    Budapest az egyik legszebb város a világon.   부다페스트는 가장 아름다운 도시 중에 하나이다.

문법

B 양태 부사

양태 부사는 사물의 모습이나 상태, 동작이 수행되는 방식 등을 설명하는 말이다. 형용사에 어미 -n을 붙이는 형태로, 이 역시 모음으로 끝나는 형용사를 기준으로 한다.

형용사가 단모음으로 끝날 때는 장모음으로 바뀌며, ú나 i로 끝나는 후설 모음 형용사에는 a를, ű로 끝나는 전설 모음 형용사에는 e를 삽입하고 n을 붙인다.

● 모음으로 끝나는 형용사

olcsó	싸다	olcsón	싸게
drága	비싸다	drágán	비싸게
szomorú	슬프다	szomorúan	슬프게
gyenge	약하다	gyengén	약하게

※ 모음으로 끝나는 불규칙 형용사

lassú	느리다	lassan	느리게
könnyű	가볍다	könnyen	가볍게
szörnyű	끔찍하다	szörnyen	끔찍하게
jó	좋다	jól	좋게, 잘
rossz	나쁘다	rosszul	나쁘게, 잘못
hosszú	길다	hosszan	길게, 오랫동안
kiváló	뛰어나다	kiválóan	뛰어나게

자음으로 끝나는 후설 모음 형용사에는 a를, 전설 모음 형용사에는 e를 삽입하고 n을 붙인다.

● 자음으로 끝나는 형용사

vicces	웃기다	viccesen	웃기게
kedves	착하다	kedvesen	착하게
komoly	진지하다, 심각하다	komolyan	진지하게, 심각하게

※ 자음으로 끝나는 불규칙 형용사

nagy	크다	nagyon	아주, 매우, 완전히
nehéz	무겁다, 어렵다	nehezen	무겁게, 어렵게
bátor	용감하다	bátran	용감하게
fiatal	어리다	fiatalon	젊게
szabad	자유롭다	szabadon	자유롭게

A piacon olcsón veszek gyümölcsöt.   시장에서 과일을 싸게 산다.

Szörnyen nehéz ez a doboz.   이 박스는 끔찍하게 무겁다.

Nagyon meleg van.   너무 덥다.

Minsu mindig kedvesen válaszol.   민수는 항상 착하게 대답한다.

ⓒ 양태 부사의 비교급, 최상급

양태 부사의 비교급, 최상급은 형용사의 비교급, 최상급 형태에 어미 -an, -en을 붙인다. 후설 모음 형용사에 -an, 전설 모음 형용사에 -en을 붙인다.

원급	의미	비교급	최상급
jól	잘	jobban	a legjobban
gyorsan	빠르게	gyorsabban	a leggyorsabban
lassan	느리게	lassabban	a leglassabban
olcsón	싸게	olcsóbban	a legolcsóbban
nehezen	힘들게	nehezebben	a legnehezebben

● 불규칙

원급	의미	비교급	최상급
rosszul	나쁘게	rosszabbul	a legrosszabbul
felelőtlenül	무책임하게	felelőtlenebbül	a legfelelőtlenebbül

연습문제

1. 다음 빈칸을 채우세요.

원급	비교급	최상급
fiatal		
gyors		
okos		
lusta		
könnyű		
		a legügyesebb
	vékonyabb	
kövér		
	messzebb	
		a legvidámabb
csúnya		
		a legmelegebb

2. 괄호 안에 주어진 형용사의 비교급 형태를 넣어 빈칸을 채우세요.

| 보기 | A macska kisebb, mint az oroszlán. (kicsi)

(1) A repülő _____, mint az autó. (gyors)

(2) A könyv _____, mint a füzet. (nehéz)

(3) A csoki _____, mint a zöldség. (finom)

(4) A tó _____, mint a tenger. (kicsi)

(5) A hegy _____, mint a domb. (nagy)

3. 괄호 안에 주어진 형용사의 최상급 형태를 넣어 빈칸을 채우세요.

(1) A csiga a _____ állat. (lassú)

(2) A róka a _____ állat. (ravasz)

(3) A bagoly a _____ állat. (bölcs)

(4) A zsiráf a _____ állat. (magas)

(5) A hangya a _____ állat. (szorgalmas)

4. 〈보기〉와 같이 밑줄 친 형용사를 양태 부사로 바꾸어 빈칸을 채우세요.

| 보기 | Minsu helyes férfi.
Minsu helyesen beszél magyarul.

(1) Az autó gyors.

Peti _____ vezet.

(2) Az egér fürge.

Az egér _____ szalad.

(3) A torta finom.

Anyu _____ főz.

(4) Ez a feladat könnyű.

Ezt a feladatot _____ megoldom.

(5) A busz lassú.

A busz _____ megy.

(6) A zene hangos.

Minsu _____ hallgatja a zenét.

—

교통수단을 타고 원하는 장소에 가볼까요? 다양한 교통수단 어휘를 익히고, '~에', '~로' 등 장소나 지향점 등을 말하는 방법을 알아보겠습니다.

Közlekedés

교통

Anna	**Minsu hová mész?**
	민수 호와 메이스
Minsu	**A Budai várba megyek.**
	어 부더이 와르버 매잭
Anna	**Mivel mész a Budai várba?**
	미웰 메이스 어 부더이 바르버
Minsu	**Busszal megyek.**
	부썰 매잭
Anna	**Hányas busszal mész?**
	하녀쉬 부썰 메이스
Minsu	**A tizenhatos busszal.**
	어 티잰허토쉬 버썰
Anna	**A Budai várból hová mész?**
	어 부더이 와르볼 호와 메이스
Minsu	**A Hősök terére és a Széchényi fürdőbe.**
	어 회쇀 태레이래 에이쉬 어 세체니 프르되배
Anna	**Villamossal mész?**
	윌러모썰 메이스
Minsu	**Nem, metróval megyek.**
	냄 매트로벌 . 매잭

안나	민수, 어디에 가?
민수	부다 궁전에 가고 있어.
안나	부다 궁전에 무엇을 타고 가?
민수	버스 타고 가.
안나	몇 번 버스를 타고 가?
민수	16번을 타고 가.
안나	부다 궁전에서 어디로 이동해?
민수	영웅 광장과 세체니 온천으로.
안나	트램을 타고 가?
민수	아니, 지하철 타고 가려고 해.

□ Budai vár 부다 궁전
□ -ba (내부) ∼로, ∼에
□ hányas 몇 번
□ busz 버스

□ tizenhatos 16번
□ -ból ∼에서
□ Hősök tere 영웅 광장
□ -re (상부) ∼로, ∼에

□ Széchényi fürdő 세체니 온천
□ -be (내부) ∼로, ∼에
□ villamos 트램
□ metró 지하철

어휘

● Közlekedési eszközök / 교통수단

MP3 08-2

autó 자동차

bicikli 자전거

busz, autóbusz
버스

helikopter
헬리콥터

jacht 요트

kamion 대형 트럭

metró 지하철

repülő 비행기

motor 오토바이

robogó 스쿠터

taxi 택시

traktor 트랙터

troli, trolibusz
트롤리버스

villamos
트램(전차)

intercity
급행전차

hajó 배

※ **buszmegálló** 버스정류장, **villamosmegálló** 트램역, **trolimegálló** 트롤리버스정류장
metrómegálló 지하철역, **vasútállomás** 기차역

● Tömegközlekedés / 교통

jegy	티켓, 표	vonatjegy	기차표
jegypénztár	매표소	retúrjegy	왕복 승차권
ellenőr	감시원	oda-vissza jegy	왕복 승차권
büntetés	벌금	hetijegy	일주일 이용권
havibérlet	한 달 이용권	éves bérlet	일년 이용권
napijegy	하루 이용권	nyugdíjas jegy	퇴직자 이용권
repülőjegy	비행기표	diák bérlet	학생 이용권

● Turisztikai látnivalók / 헝가리 주요 관광지

Budavári Palota	부다 왕궁	Gellèrt gyógyfürdő	겔레르트 온천
Széchenyi gyógyfürdő	세체니 온천	Váci utca	바치 거리
Halászbástya	어부의 요새	Vajdahunyad vára	바이다후냐드 성
Szent István-bazilika	성 이스트반 성당	Országház	국회의사당
Gellért-hegy	겔레르트 언덕	Hősök tere	영웅광장
Központi Vásárcsarnok	부다페스트 중앙시장	Széchenyi lánchíd	세체니 다리

문법

Ⓐ Hányas? 몇 번?

헝가리어에서는 버스, 지하철, 전차 노선, 신발 사이즈, 동전과 지폐, 아파트 호, 성적 등을 말할 때 숫자에서 온 명사나 형용사 형태를 쓴다. 이 형태는 숫자 뒤에 삽입모음 a, e, ö, o 중 하나를 넣고 격어미 s를 붙인다.

	Hány?	Hányas?		Hány?	Hányas?
1	egy	egyes	20	húsz	húszas
2	kettő	kettes	30	harminc	harmincas
3	három	hármas	40	negyven	negyvenes
4	négy	négyes	50	ötven	ötvenes
5	öt	ötös	60	hatvan	hatvanas
6	hat	hatos	70	hetven	hetvenes
7	hét	hetes	80	nyolcvan	nyolcvanas
8	nyolc	nyolcas	90	kilencven	kilencvenes
9	kilenc	kilences	100	száz	százas
10	tíz	tízes	1000	ezer	ezres

 주의

kettő는 마지막 모음을 생략하고 붙인다.

Hányas buszra szállsz fel?

Minsu harminchatos villamossal megy az iskolába.

A: Hányas a lábad? (Hányas a cipőméreted?)

B: Harmincnyolcas.

Minsu a harmadik emeleten a hatos lakásban lakik.

Egyes, kettes, hármas, négyes, ötös

몇 번 버스를 타니?

민수는 36번 트램을 타고 학교에 가요.

신발 사이즈가 어떻게 되나요?

38이요.

민수는 3층 6호에서 살아요.

F학점, D학점, C학점, B학점, A학점

※ 동전과 지폐

ötforintos / ötös	5 포린트	ötszázas	500 포린트
tízforintos / tízes	10 포린트	ezres	1000 포린트
húszforintos / húszas	20 포린트	kétezres	2000 포린트
ötvenforintos / ötvenes	50 포린트	ötezres	5000 포린트
százforintos / százas	100 포린트	tízezres	10000 포린트
kétszázas	200 포린트	húszezres	20000 포린트

Ⓑ 처소격 조사

장소나 지향점 등을 나타내는 말로, "어디로?", "어디에?", "어디로부터?" 등의 질문에 답할 때 명사 끝에 '안', '위', '옆' 등에 해당하는 처소격 조사를 붙여 답한다. 질문에 따라 처소격 조사가 달라진다.

● ~ 안

Hova? / Hová?	어디로? / 어디에?	-ba/-be	~ 안으로
Hol?	어디? / 어디서?	-ban/-ben	~ 안에
Honnan?	어디로부터? / 어디에서부터?	-ból/-ből	~ 안으로부터

후설 모음 명사에는 -ba/-ban/-ból, 전설 모음 명사에는 -be/-ben/-ből을 붙인다. 단어 끝이 단모음 a, e으로 끝날 때는 장모음 á, é로 바꾸고 위와 같이 붙인다.

건물, 기관	könyvtárba - könyvtárban - könyvtárból 도서관
	iskolába - iskolában - iskolából 학교
나라, 도시	Szöulba - Szöulban - Szöulból 서울
	Amerikába - Amerikában - Amerikából 미국
교통수단	taxiba - taxiban - taxiból 택시
언론	újságba - újságban - újságból 신문
	tévébe - tévében - tévéből 텔레비전

Bankba megyek.	나는 은행에 간다.
Kórházban vagyok.	나는 병원에 있다.
Az iskolából jövök.	나는 학교에서 온다.
Szöulba utazom.	나는 서울에 여행을 다닌다.

※ **Mennyibe kerül?** 얼마예요?

가격을 말할 때, 돈의 단위에 격조사 -ba/-be를 붙인다.

A: Mennyibe kerül ez a könyv? 이 책은 얼마예요?
B: 2000 forintba. 2000 포린트요.

A: Hány forintba kerül ez a táska? 이 가방은 몇 포린트예요?
B: 5000 forintba. 5000 포린트요.

● ~ 위

Hova? / Hová?	어디로? / 어디에?	-ra/-re	~ 위로
Hol?	어디? / 어디서?	-n, -on, -en, -ön	~ 위에
Honnan?	어디로부터? / 어디에서부터?	-ról/-ről	~ 위로부터

'~ 위에'에 해당하는 조사는 모음으로 끝나는 단어에는 n을 붙이고, 자음으로 끝나는 단어에는 삽입 모음 e, o, ö 중 하나를 넣고 n을 붙인다. 후설 모음 명사 뒤에는 -ra/-on/-ról, 전설 모음 명사 뒤에는 -re/-en/-ön/-ről을 붙인다.

프로그램, 행사	kiállításra - kiállításon - kiállításról 전시회
	tüntetésre - tüntetésen - tüntetésről 시위
교통수단	villamosra - villamoson - villamosról 전차
	metróra - metrón - metróról 지하철
기관, 광장	repülőtérre - repülőtéren - repülőtérről 공항
	pályaudvarra - pályaudvaron - pályaudvarról 기차역
섬	Hawaiira - Hawaiion - Hawaiiról 하와이
	Jeju-szigetre - Jeju-szigeten - Jeju-szigetről 제주

강, 바다	tengerre -tengeren - tengerről 바다
헝가리 및 일부 헝가리 도시 (모두 이 규칙이 적용되는 것은 아님)	Szegedre - Szegeden - Szegedről 세게드
	Budapestre - Budapesten - Budapestről 부다페스트
	Magyarországra - Magyarországon - Magyarországról 헝가리
인터넷	internetre - interneten - internetről 인터넷
외국	külföldre - külföldön - külföldről 외국

Budapesten vagyok.　　　나는 부다페스트에 있다.

Szegedre megyek.　　　나는 쎄게드로 간다.

Külföldre utazom.　　　나는 외국으로 간다.

Magyarországon élek.　　　나는 헝가리에서 살고 있다.

● ～ 옆

Hova? / Hová?	어디로? / 어디에?	-hoz, -hez/-höz	～ 옆으로
Hol?	어디? / 어디서?	-nál, -nél	～ 옆에
Honnan?	어디로부터? / 어디에서부터?	-tól, -től	～ 옆으로부터

후설 모음 명사 뒤에는 -nál/-hoz/-tól, 전설 모음 명사 뒤에는 -nél/-hez/-höz/-től를 붙인다.

사람	barátomhoz - barátomnál - barátomtól 내 친구
	orvoshoz - orvosnál - orvostól 의사
사물, 건물, 장소	házhoz - háznál - háztól 집
	ajtóhoz - ajtónál - ajtótól 문

Orvosnál vagyok.　　　나는 의사 옆에 있다.

Fodrászhoz megyek.　　　나는 미용실에 간다. (직역: 나는 미용사 옆으로 간다.)

A barátomtól jövök.　　　나는 내 친구에게서 온다. (직역: 나는 내 친구 옆에서부터 온다.)

A könyvtárnál vagyok.　　　나는 도서관에 있다. (직역: 나는 도서관 옆에 있다.)

Az iskolától hazáig sétálok.　　　나는 학교에서부터 집까지 걸어간다. (직역: 나는 학교 옆에서 집까지 걸어간다.)

문법

> ※ 교통 관련 동사
>
> felszáll/leszáll a buszra, villamosra, metróra/buszról, villamasról, metróról
> 버스를, 전차를, 지하철을 타다/내리다
>
> beszáll/kiszáll a taxiba, kocsiba/taxiból, kocsiból
> 택시를, 자동차를 타다/내리다
>
> átszáll a buszról a metróra
> 버스에서 지하철로 갈아타다

ⓒ -tól / -től   ~부터

사람, 장소, 시간 모두에 붙일 수 있는 어미이다. 장소나 시간 뒤에 붙이면 '~부터', 사람 뒤에 붙이면 '~의 집으로부터', '~께서', '~에게서'라는 의미가 된다. 후설 모음으로 끝나는 단어에는 -tól, 전설 모음으로 끝나는 단어에는 -től를 붙인다.

● 장소 + -tól/-től

iskola	+	tól	→	iskolától	학교부터
állomás	+	tól	→	állomástól	역부터
könyvtár	+	tól	→	könyvtártól	도서관부터
egyetem	+	től	→	egyetemtől	대학교부터
rendőrség	+	től	→	rendőrségtől	경찰서부터

● 시간 + -tól/-től

reggel	+	től	→	reggeltől	아침부터
dél	+	től	→	déltől	정오부터
hajnal	+	tól	→	hajnaltól	새벽부터
holnap	+	tól	→	holnaptól	내일부터
öt óra	+	tól	→	öt órától	5시부터
május	+	tól	→	májustól	5월부터

● 사람 + -tól/-től

Peti	+	től	→	Petitől	패티 집으로부터
Andi	+	tól	→	Anditól	앤디 집으로부터
tanár	+	tól	→	tanártól	선생님께서
barátom	+	tól	→	barátomtól	내 친구에게서

D -ig ~까지

-ig를 장소 뒤에 붙이면 '~까지', 시간 뒤에 붙이면 '~까지', '~동안'이라는 의미가 된다. a, e로 끝나는 단어는 각각 á, é로 바꾼 후에 ig를 붙인다.

● 장소 + -ig

könyvtár	+	ig	→	könyvtárig	도서관까지
posta	+	ig	→	postáig	우체국까지
egyetem	+	ig	→	egyetemig	대학교까지
bank	+	ig	→	bankig	은행까지

● 시간 + -ig

hajnal	+	ig	→	hajnalig	새벽까지
holnap	+	ig	→	holnapig	내일까지
öt óra	+	ig	→	öt óráig	5시까지
március	+	ig	→	márciusig	3월까지
este	+	ig	→	estig (불규칙)	저녁까지

연습문제

1. 다음 기차 시간표를 보고 〈보기〉와 같이 쓰세요.

	Paprika Intercity	Buda Intercity
Budapest Nyugati pályaudvar	09:35	(3) 13:45
Debrecen	(1) 06:35	(4) 12:35
Sopron	(2) 08:09	(5) 14:09

> | 보기 | A Paprika Intercity kilenc óra harmincöt perckor indul Budapest Nyugati pályaudvarról.

(1) A Paprika Intercity _____

(2) A Paprika Intercity _____

(3) A Buda Intercity _____

(4) A Buda Intercity _____

(5) A Buda Intercity _____

2. 다음 일과표를 보고 〈보기〉와 같이 쓰세요.

> | 보기 | Minsu nyolctól fél kilencig reggelizik.

8:00-8:30	reggelizik
9:00-1:00	tanul
2:00-4:00	házi feladatot csinál
4:00-5:00	tornázik
6:00-8:00	filmet néz
8:00-10:00	számítógépezik
10:00-7:00	alszik

(1) Minsu _____ tanul.

(2) Minsu _____ házi feladatot csinál.

(3) Minsu _____ tornázik.

(4) Minsu _____ filmet néz.

(5) Minsu _____ számítógépezik.

(6) Minsu _____ alszik.

3. 각 질문에 알맞은 처소격 조사를 써서 답하세요.

Honnan jöttök?	Hova mentek?	Hol vagytok most?
Magyarország_____	repülőtér_____	Anglia_____
Korea_____	Japán_____	Szöul_____
Budapest_____	Szeged_____	posta_____
egyetem_____	buszmegálló_____	bank_____
könyvtár_____	jegypénztár_____	repülő_____
magyaróra_____	iskola_____	bolt_____
barátom_____	Minsu_____	fodrász_____

4. 빈칸에 알맞은 처소격 조사를 쓰세요.

(1) Minsu Korea_____ jött.

민수는 한국에서 왔다.

(2) Éva most Magyarország_____ van.

에바는 지금 헝가리에 있다.

(3) Egy kávézó_____ reggelizek.

나는 지금 카페에서 아침식사를 하고 있다.

(4) Az asztal_____ van egy szép virág.

책상 위에 예쁜 꽃이 있다.

(5) Az iskola után könyvtár_____ mennek.

그들은 학교 끝난 후에 도서관에 간다.

(6) A könyvtár_____ sok ember van.

도서관에 사람들이 많다.

Lecke

9

"주말에 비가 와서 집에 있었어."를 어떻게 말할까요? 이번 단원에서는 날씨를 말하는 방법과 동사의 과거형에 대해 알아보겠습니다.

Időjárás

날씨

Anna	**Mit csináltál hétvégén?**
	밑 치날탈 헤이트웨게인
Minsu	**Otthon könyvet olvastam és tévét néztem.**
	오트혼 쾨느왯 올버쉬텀 에이쉬 테이베잇 네이즈탬
Anna	**Rossz volt az idő?**
	로쓰 월트 어즈 이되
Minsu	**Igen, tegnap esett az eső.**
	이갠 태그넙 애쉐트 어즈 애쇠
Anna	**Hideg volt?**
	히대그 월트
Minsu	**Nem volt annyira hideg. Te mit csináltál?**
	냄 월트 어니러 히대그 태 밑 치날탈
Anna	**Bicikliztem és hegyet másztam.**
	비치클리즈탬 에이쉬 해잿 마스텀
Minsu	**Jó idő volt nálatok?**
	요 이되 월트 날어톡
Anna	**Igen, végig sütött a nap és meleg volt.**
	이갠 웨긱 스퇴트 어 넙 에이쉬 매랙 월트

안나	주말에 뭐 했어?
민수	집에서 책을 읽었고 TV를 봤어.
안나	날씨가 나빴어?
민수	응. 어제 비가 왔어.
안나	날씨가 추웠어?
민수	그렇게 춥지는 않았어. 너는 뭐 했어?
안나	자전거를 탔고 등산했어.
민수	너희 동네에 날씨가 좋았어?
안나	응, 해가 났고 날씨가 더웠어.

- hétvég 주말
- idő 날씨
- rossz idő van 날씨가 나쁘다
- eső 비
- esik az eső 비가 오다
- annyira 그렇게
- hideg van 춥다
- jó idő van 날씨가 좋다
- nálatok 너희 집에/동네에
- végig 끝까지
- süt a nap 해가 나다
- meleg van 덥다

어휘

● Időjárás / 날씨

 MP3 **09-2**

	명사형/ 형용사형	날씨 표현
	eső 비 esős 비가 오는	Esik az eső. 비가 온다. Esős az idő. 비가 오는 날씨이다.
	hó 눈 havas 눈이 오는	Esik a hó. 눈이 온다. Havazik. 눈이 온다.
	nap 해 napos 해가 난	Süt a nap. 해가 난다. Napos az idő. 해가 나는 날씨이다.
	felhő 구름 felhős 구름이 낀	Borult az ég. 하늘이 흐리다. Felhős az ég. 구름 낀 하늘이다.
	köd 안개 ködös 안개가 낀	Köd van. 안개가 꼈다. Ködös az idő. 안개가 낀 날씨이다.
	vihar 폭풍 viharos 폭풍이 치는	Vihar van. 폭풍이 친다. Viharos az idő. 폭풍이 치는 날씨이다.
	jég/jégeső 얼음/우박 jeges 얼음 같이 찬	Jeges eső esik. 우박이 온다.

* 날씨 명사에 -s를 붙이면 형용사가 된다. 모음으로 끝나면 -s, 자음으로 끝나면 삽입 모음 a, e, o, ő 중 하나를 넣고 -s를 붙인다.

날씨를 말할 때는 비인칭 동사 van을 쓴다. van 동사는 생략할 수 있는데, 이때는 형용사와 idő(날씨) 사이에 정관사 az를 쓴다.

Szép idő van. / Szép az idő.	날씨가 좋다.
Rossz idő van. / Rossz az idő.	날씨가 나쁘다.
Csúnya idő van. / Csúnya az idő.	날씨가 구질구질하다. (날씨가 정말 안 좋다.)
Hideg idő van. / Hideg az idő.	날씨가 춥다.
Meleg idő van. / Meleg az idő.	날씨가 덥다.

● Évszakok / 계절

tavasz	봄	tavasszal	봄에
nyár	여름	nyáron	여름에
ősz	가을	ősszel	가을에
tél	겨울	télen	겨울에

⒜ 동사의 과거형 1변화

동사의 과거형은 '~했다', '~해본 적이 있다'와 같이 과거의 일을 말할 때 사용한다. 과거형도 현재형과 마찬가지로 1변화와 2변화가 있으며, 각각 사용하는 조건은 현재형과 같다.

동사의 과거형 1변화는 동사 어간에 과거형 기호소 **-t, -ett/-ott/-ött** 를 붙인 후에 인칭 어미를 붙여 나타낸다.

각 과거형 기호소를 사용하는 조건은 다음과 같다.

● **1그룹: -ott, -ett, -ött**

(전설 모음 동사 어간에 **-ett**, 후설 모음 동사 어간에 **-ott**, 원순 모음 동사 어간에 **-ött**를 붙인다.)

① 두 개의 자음으로 끝나는 동사

ért - értett   이해하다, 알아듣다

② -ít로 끝나는 동사

tanít - tanított 가르치다

③ -t로 끝나는 1음절 동사

köt- kötött 묶다, 맺다

● **2그룹: -t**

① -ny, -r, -l, -j, -n, -ly로 끝나는 동사

beszél - beszélt 말하다, 이야기하다

vár - várt 기다리다

fáj - fájt 아프다

köszön - köszönt 인사하다, 감사하다

② -ad/ed로 끝나는 동사

marad - maradt 남아 있다, 머무르다

- 3그룹: 1그룹, 2그룹에 속하지 않는 동사

  3인칭 단수형에는 -ott, -ett, -ött를 붙이고, 나머지는 -t만 붙인다.

① 1음절 동사

  lát - látott 보다
  kap - kapott 받다

② 두 개의 자음으로 끝나는 동사

  küld - küldött 보내다
  kezd - kezdett 시작하다

③ -ik 동사

  lakik - lakott 거주하다

④ -s, -sz, -z로 끝나는 동사

  mos-mosott 빨래하다
  főz - főzött 요리하다

B 과거형 1변화 인칭 어미

		후설 모음 동사	전설 모음 동사	원순 모음 동사
단수	1인칭	-t/ott + am	-t/ett + em	-t/ött + em
	2인칭	-t/ott + ál	-t/ett + él	- t/ött + él
	3인칭	-(o)tt, -t	-(e)tt, -t	-(ö)tt, -t
복수	1인칭	-t/ott + unk	-t/ett + ünk	-t/ött + ünk
	2인칭	-t/ott + atok	-t/ett + etek	-t/ött + etek
	3인칭	-t/ott + ak	-t/ett + ek	-t/ött + ek

문법

① 규칙 동사

	lát 보다	beszél 이야기하다	ül 앉다
én	láttam	beszéltem	ültem
te	láttál	beszéltél	ültél
ő	látott	beszélt	ült
mi	láttunk	beszéltünk	ültünk
ti	láttatok	beszéltetek	ültetek
ők	láttak	beszéltek	ültek

② 자음 -s, -sz, -z로 끝나는 동사

	mos 씻다, 빨래하다	keres 찾다	főz 요리하다
én	mostam	kerestem	főztem
te	mostál	kerestél	főztél
ő	mosott	keresett	főzött
mi	mostunk	kerestünk	főztünk
ti	mostatok	kerestetek	főztetek
ők	mostak	kerestek	főztek

③ -ik 동사

	álmodik 꿈을 꾸다	dicsekedik 자랑하다	érdeklődik 문의하다
én	álmodtam	dicsekedtem	érdeklődtem
te	álmodtál	dicsekedtél	érdeklődtél
ő	álmodott	dicsekedett	érdeklődött
mi	álmodtunk	dicsekedtünk	érdeklődtünk
ti	álmodtatok	dicsekedtetek	érdeklődtetek
ők	álmodtak	dicsekedtek	érdeklődtek

④ -ít 동사, 두 개의 자음으로 끝나는 동사

	tanít 가르치다	ért 이해하다	küld 보내다
én	tanítottam	értettem	küldtem
te	tanítottál	értettél	küldtél
ő	tanított	értett	küldött
mi	tanítottunk	értettünk	küldtünk
ti	tanítottatok	értettetek	küldtetek
ők	tanítottak	értettek	küldtek

⑤ 불규칙 동사

	van 이다	megy 가다	jön 오다
én	voltam	mentem	jöttem
te	voltál	mentél	jöttél
ő	volt	ment	jött
mi	voltunk	mentünk	jöttünk
ti	voltatok	mentetek	jöttetek
ők	voltak	mentek	jöttek

	iszik 마시다	eszik 먹다	haragszik 화를 내다
én	ittam	ettem	haragudtam
te	ittál	ettél	haragudtál
ő	ivott	evett	haragudott
mi	ittunk	ettünk	haragudtunk
ti	ittatok	ettetek	haragudtatok
ők	ittak	ettek	haragudtak

	alszik 자다	fekszik 눕다	hisz 믿다
én	aludtam	feküdtem	hittem
te	aludtál	feküdtél	hittél
ő	aludt	feküdt	hitt
mi	aludtunk	feküdtünk	hittünk
ti	aludtatok	feküdtetek	hittetek
ők	aludtak	feküdtek	hittek

	vesz 구입하다	visz 가져가다	fürdik 목욕하다
én	vettem	vittem	fürödtem
te	vettél	vittél	fürödtél
ő	vett	vitt	fürdött
mi	vettünk	vittünk	fürödtünk
ti	vettetek	vittetek	fürödtetek
ők	vettek	vittek	fürödtek

ⓒ 과거형과 같이 쓰는 시간 표현

tegnap	어제	tavaly szeptemberben	작년 9월에
tegnapelőtt	그저께	~héttel ezelőtt	~주 전에
(a) múlt héten	지난주에	~hónappal ezelőtt	~달 전에
(a) múlt hétfőn	지난주 월요일에	~évvel ezelőtt	~년 전에
(a) múlt hónapban	지난달에	(a) nyáron	올 여름에
(a) múlt évben / tavaly	작년에	(a) télen	올 겨울에
(a) múltkor	얼마 전에	régen	옛날에

Tegnap moziban voltunk.	우리는 어제 영화관에 있었어요.
A nyáron Koreába utaztam.	올 여름에 한국에 여행을 갔어요.
A múlt hónapban vizsgáztam.	나는 지난달에 시험을 봤어요.
Tegnapelőtt esett az eső.	그저께 비가 왔어요.

D már, még

már과 még은 과거형과 자주 같이 쓰는 어휘들이다. már은 '이미', '벌써', '전에'라는 뜻으로, 긍정문에 쓰이고, még은 '아직'이라는 뜻으로 부정문에 쓰인다.

Voltál már Magyarországon?	너는 전에 헝가리를 가본 적이 있니?
Voltak már Budapesten.	그들은 전에 부다페스트에 가본 적이 있다.
Még nem voltál Magyarországon?	너는 아직 헝가리에 가본 적이 없니?
Még nem voltak Budapesten.	그들은 아직 부다페스트에 가본 적이 없다.

még은 '도', '조차'라는 뜻도 있다.

Még ezt is kérem.	이것도 주세요.

1. 다음 동사들의 과거형 1변화 형태를 쓰세요.

    (1) iszik (마시다)   (2) eszik (먹다)   (3) takarít (청소하다)

    ők _____   ő _____   én _____

    te _____   ti _____   mi _____

    (4) hallgat (듣다)   (5) küld (보내다)   (6) megy (가다)

    én _____   te _____   mi _____

    ti _____   ő _____   ők _____

    (7) van (이다)   (8) utazik (여행하다)   (9) áll (서다)

    ő _____   én _____   te _____

    mi _____   ők _____   ti _____

2. 동사의 현재형을 과거형으로 바꿔 쓰세요.

    (1) Moziba megy.

        ▶ Moziba _____.

    (2) Színházban vannak.

        ▶ Színházban _____.

    (3) Teniszezni tanul.

        ▶ Teniszezni _____.

    (4) Kávézóban iszok egy forró teát.

        ▶ Kávézóban _____ egy forró teát.

    (5) Hegyet másznak.

        ▶ Hegyet _____.

    (6) A gyorsbüfében eszünk egy nagy hamburgert.

        ▶ A gyorsbüfében _____ egy nagy hamburger.

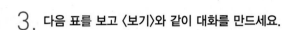

3. 다음 표를 보고 〈보기〉와 같이 대화를 만드세요.

이름	나라	가본 적이 있다	가본 적이 없다
Minsu	Franciaország	✓	
Peti	Japán		X
Naoko	Magyarország	✓	
Éva	Anglia	✓	
Anna	Amerika		X
Tamás	Németország		X

| 보기 |　　A: **Minsu, voltál már Franciaországban?** 민수. 전에 프랑스에 가본 적이 있어?
　　　　　　B: **Igen, már voltam.** 응. 전에 가본 적이 있어.

(1) A: Peti, _____?

　　 B: _____.

(2) A: Naoko, _____?

　　 B: _____.

(3) A: Éva, _____?

　　 B: _____.

(4) A: Anna, _____?

　　 B: _____.

(5) A: Tamás, _____?

　　 B: _____.

Lecke

휴일이나 명절 때 한 일에 대해 말해볼까요? 9과에 이어 동사의 과거형에 대해 더 알아보겠습니다.

Ünnep

휴일

Minsu	Tavaly karácsonykor mit csináltál?
	터버이 커라쳐뉴코르 밑 치날탈
Anna	Otthon a családommal együtt feldíszítettük a karácsonyfát.
	오트혼 어 철라돔멀 애쥳 팰디씨태특 어 커라쳐뉴팥
Minsu	Együtt főztétek a karácsonyi menüt is?
	애쥳 푀즈테이택 어 커라쳐뉴 매느트 이쉬
Anna	Igen, nagyon finom volt minden.
	이갠 너존 피놈 월트 민댄
Minsu	Ki sütötte a bejglit?
	키 스퇼태 어 베이그맅
Anna	Mama sütötte. Már alig várom az idei karácsonyt.
	머머 스퇼태 마르 어릭 와롬 어즈 이대이 커라쳐뉴트
Minsu	Megvetted már az összes karácsonyi ajándékot?
	매그왿탣 마르 어즈 외쌔쉬 커라쳐뉴이 어얀데이콭
Anna	Igen, meg.
	이갠 매그
Minsu	Előre is kellemes karácsonyt kívánok.
	애뢰래 이쉬 캘래매쉬 커라쳐뉴트 키와녹
Anna	Köszönöm. Neked is.
	쾨쇠뇜 내캔 이쉬

민수	작년 크리스마스 때 뭐 했어?
안나	집에서 가족과 함께 크리스마스 트리를 장식했어.
민수	크리스마스 음식도 같이 요리했어?
안나	응, 모든 것이 너무 맛있었어.
민수	크리스마스 빵을 누가 구웠어?
안나	할머니가. 올해 크리스마스가 너무 기대돼.
민수	크리스마스 선물 벌써 다 샀어?
안나	응, 벌써 샀어.
민수	즐거운 크리스마스를 보내길 미리 바라.
안나	고마워. 너도.

해석

단어

- karácsony 크리스마스
- család(om) (나의) 가족
- feldíszít 장식하다
- karácsonyfa 크리스마스 트리
- karácsonyi menü 크리스마스 메뉴
- minden 모든 것
- süt 굽다
- bejgli 크리스마스 때 먹는 헝가리 빵
- összes 전부
- karácsonyi ajándék 크리스마스 선물
- előre is 먼저
- kellemes karácsonyt kívánok 즐거운 크리스마스를 보내길 바라

어휘

● Ünnepnap / 명절

Szilveszter	섣달 그믐날 밤 (12월 31일 밤)	Halottak napja/ Mindenszentek	위령의 날
Újév első napja	새해 첫날 (설날)	karácsonyi ajándék	성탄절 선물
Pünkösd	성령강림주일	karácsonyfa díszítés	크리스마스 트리 장식
Április elseje	만우절	télapó	산타클로스
Húsvét	부활절	születésnap	생일
Húsvét hétfő	부활절 다음날	szülinapi ajándék	생일 선물
Munka ünnepe	노동절	szülinapi torta	생일 케이크
Karácsony	크리스마스	névnap	명명일
Szenteste	크리스마스 전야	esküvő / lakodalom	결혼식
Anyák napja	어머니날	temetés	장례식
Apák napja	아버지날	ballagás	졸업식(초·중·고)
Valentin nap	발렌타인데이	diplomaosztó	졸업식(대학교)

● Ünnepi jókívánságok / 명절 인사(축하 인사)

	Boldog Karácsonyt! **Kellemes Karácsonyi Ünnepeket!**	메리 크리스마스! 즐거운 성탄절이 되길 바랍니다!
	Kellemes Húsvéti Ünnepeket!	행복한 부활절 되세요!
	Gratulálok a diplomádhoz!	졸업 축하합니다!
	Minden jót kívánok az új évre! **Boldog Új Évet!**	새해 복 많이 받으세요! 행복한 새해 맞으시기 바랍니다!
	Boldog születésnapot!	생일 축하합니다!
	Boldog névnapot!	영명 축일을 축하합니다!
	Minden jót kívánok!	좋은 일만 가득하길 바랍니다!

A 동사의 과거형 2변화

● 과거형 2변화 인칭 어미

		후설 모음 동사	전설 모음 동사	원순 모음 동사
단수	1인칭	-tam	-tem	-tem
	2인칭	-tad	-ted	-ted
	3인칭	-ta	-te	-te
복수	1인칭	-tuk	-tük	-tük
	2인칭	-tátok	-tétek	- tétek
	3인칭	-ták	-ték	- ték

① 규칙 동사

	vártam 기다리다	beszél 이야기하다	megköszön 감사하다
én	vártam	megbeszéltem	megköszöntem
te	vártad	megbeszélted	megköszönted
ő	várta	megbeszélte	megköszönte
mi	vártuk	megbeszéltük	megköszöntük
ti	vártátok	megbeszéltétek	megköszöntétek
ők	várták	megbeszélték	megköszönték

② -s, -sz, -z로 끝나는 동사

	olvas 읽다	néz 보다	főz 요리하다
én	olvastam	néztem	főztem
te	olvastad	nézted	főzted
ő	olvasta	nézte	főzte
mi	olvastuk	néztük	főztük
ti	olvastátok	néztétek	főztétek
ők	olvasták	nézték	főzték

③ -ít 동사, 두 개 자음으로 끝나는 동사

-t와 -ít로 끝나는 경우에는 발음을 쉽게 하기 위해 동사 어간에 et, öt, ot 중 하나를 넣고 과거형 어미를 붙인다.

fest 그림을 그리다 → festettem   dönt 경청하다 → döntöttem

takarít 청소하다 → takarítottam   választ 선택하다 → választottam

	tanít 가르치다	**befest** 염색하다, 칠하다	**eldönt** 결정하다
én	tanítottam	befestettem	eldöntöttem
te	tanítottad	befestetted	eldöntötted
ő	tanította	befestette	eldöntötte
mi	tanítottuk	befestettük	eldöntöttük
ti	tanítottátok	befestettétek	eldöntöttétek
ők	tanították	befestették	eldöntötték

④ 불규칙 동사

	eszik 먹다	**hisz** 믿다	**iszik** 마시다
én	ettem	hittem	ittam
te	etted	hitted	ittad
ő	ette	hitte	itta
mi	ettük	hittük	ittuk
ti	ettétek	hittétek	ittátok
ők	ették	hitték	itták

	tesz 놓다, 하다	**vesz** 사다, 잡다	**visz** 가져가다
én	tettem	vettem	vittem
te	tetted	vetted	vitted
ő	tette	vette	vitte
mi	tettük	vettük	vittük
ti	tettétek	vettétek	vittétek
ők	tették	vették	vitték

문법

※ 1변화와 2변화 비교

1변화	2변화
Délután tanult. 오후에 공부했어요.	A matematikát tanulta. 수학을 공부했어요
Egy jó éttermet kerestünk. 좋은 식당을 찾았어요.	Minsut kerestük. 민수를 찾았어요.
Egy filmet néztél. 영화를 봤어요.	A Harry Pottert nézted. 해리포터를 봤어요.
Egy jó könyvet olvastam. 좋은 책을 읽었어요.	A Harry Pottert olvasta. 해리포터를 읽었어요.
Egy szép dalt énekeltetek. 좋은 노래를 불렀어요.	A Big Bang dalát énekeltétek. 빅뱅 노래를 불렀어요.

B 동사의 전철

전철은 일반적으로 동사 앞에 붙어 동사의 의미를 바꾼다. 대표적인 전철은 다음과 같다.

전철		동사		전철 + 동사	
be	안으로	megy	가다	bemegy	안으로 들어가다
bele	안으로, 내부로	ugrik	뛰어오르다	beleugrik	안으로 뛰어들다
ki	밖으로	jön	오다	kijön	나오다
le	아래로	fut	달리다, 뛰다	lefut	흘러내리다
fel/föl	위로	szalad	달리다, 뛰다	felszalad	뛰어오르다
el	떨어져 나옴, 다, 이미	szakít	찢다	elszakít	헤어지게 하다
vissza	되돌아, 다시	hoz	가져오다	visszahoz	다시 가져오다
szét	흩어져서, 따로	szalad	달리다, 뛰다	szétszalad	제각각 달리다
át	통하여	sétál	산책하다	átsétál	~로 건너가다
végig	끝까지	megy	가다	végigmegy	~을 따라 쭉 가다
ide	여기로	jön	오다	idejön	이쪽으로 오다
oda	거기로	megy	가다	odamegy	~로 가다
rá	위로	tesz	하다, 행하다	rátesz	~을 ~위에 놓다
haza	집으로	talál	찾다	hazatalál	집에 가는 길을 찾아내다
össze	함께	jön	오다	összejön	함께 모이다

Visszahoztad a füzetem? 너는 내 공책을 다시 가져왔어?

Minsu kijött a teremből. 민수는 교실에서 나왔어.

Megtanultam mindent. 모든 것을 다 공부했다.

동사의 전철은 조사와 자주 같이 쓰인다.

Minsu bement a szobába. 민수는 방에 들어갔어.

Éva kijött a fürdőszobából. 에바는 화장실에서 나왔어요.

Este végigsétáltunk a Duna parton. 우리는 밤에 두나우 강변을 쭉 산책했어요.

Átmentem az úton. 나는 길을 건너갔어.

※ 전철의 위치

● '∼하고 싶다(akar, szeretne)', '∼해야 한다(kell)', '∼할 것이다(fog)', '∼할 수 있다(tud)', '∼하곤 하다(szokott)' 등의 조동사와 함께 쓰일 때 전철은 동사에서 분리되고, 조동사는 전철과 동사 사이에 온다.

Meg kell írnom a házi feladatot. 나는 숙제를 써야 해.

Meg szeretném nézni ezt a kiállítást. 나는 이 전시회를 보고 싶어.

Be fogom utazni Ázsiát. 나는 아시아 여행을 할 거예요.

Meg akarom venni ezt a cipőt. 나는 이 구두를 사고 싶어.

● 부정문이나 명령문 또는 의문사가 있는 문장에서는 전철이 동사 뒤에 온다. 이때 전철은 동사에 붙지 않고 분리하여 쓴다.

Nem megy haza. 그는 집에 가지 않아.

Mikor vetted be a gyógyszert? 약을 언제 먹었니?

Írd meg a leckét. 숙제를 써라!

Takarítsd ki a szobádat! 너의 방을 청소해라!

그러나 동사 외에 다른 부분을 강조할 때는 동사와 전철을 분리하지 않는다.

Sajnos ma nem tudok elmenni. 안타깝게도, 나는 오늘은 못 갈 것 같아요.

(부정문이지만, '오늘'을 강조하기 때문에 전철을 분리하지 않는다.)

Mikor kell visszahoznom a könyvet? 책을 언제 반납해야 해요?

(의문사와 조동사가 같이 있어 전철을 분리하지 않는다. '언제 ∼해야 하다' 강조)

문법

● 의문사가 없는 긍정 의문문에 긍정으로 답할 때는 전철로만 답해도 된다.

A: Elolvastad? 끝까지 읽었어?
B: El. 응, 끝까지 읽었어.

A: Hazamentek? 너희들은 집에 가?
B: Haza. 응, 집에 가.

※ '동사 + 전철'의 예시

vesz 사다, 잡다	
kivesz	밖에 내놓다
bevesz	받아들이다
megvesz	장만하다
elvesz	빼앗다
felvesz	입다, 채용하다
levesz	벗다

ad 주다	
kiad	내리다, 내주다
bead	제출하다
megad	주다, 되갚다
elad	팔다
felad	포기하다, 올려주다

beszél 말하다, 이야기하다	
lebeszél	～을 설득하여 ～하지 않도록 하다
bebeszél	(틀린 것을) 옳은 것인 양 설득하다
megbeszél	～에 관해서 의논하다, 토론하다
kibeszél	비방하다
rábeszél	～에게 ～하도록 설득하다/권유하다/말하다
visszabeszél	말대꾸하다

áll 서다	
ellenáll	저항하다
kiáll	앞으로 걸어 나가다, 진출하다
megáll	멈추다, 서다, 정지하다
leáll	정지하다
beáll	들어서다, 모습을 나타내다, 출석하다
összeáll	함께 모이다, 힘을 합치다

megy 가다	
lemegy	내려가다
elmegy	가버리다, 떠나다
kimegy	밖으로 나가다
összemegy	줄어들다
szétmegy	헤어지다, 흩어지다

연습문제

1. 괄호 안에 알맞은 단어를 고르세요.

(1) (Megvetted / Megvettél) a koncertjegyeket?

(2) Minsu (felvett / felvette) egy szép öltönyt.

(3) Egész nap őt (vártak / várták).

(4) (Olvastad / Olvastál) reggel a híreket az újságban?

(5) (Kitakarítottatok / Kitakarítottátok) a lakást?

(6) (Bevettél / Bevetted) a gyógyszert?

(7) Tegnap Minsu (elolvasott / elolvasta) egy könyvet.

(8) (Megfőzted / Megfőztél) az ebédet?

2. 동사의 현재형을 과거형으로 바꿔 쓰세요.

(1) Az iskolában megírom a leckét.

▶ _____

(2) Megveszed a kedvenc könyvedet?

▶ _____

(3) Megtalálják az elveszett kulcsot.

▶ _____

(4) Megnézed azt a jó filmet a tévében?

▶ _____

(5) Körbeutazzuk a világot.

▶ _____

3. 빈칸에 알맞은 전철을 쓰세요.

(1) _____megy (들어가다)

(2) _____jön (나오다)

(3) _____törik (깨지다)

(4) _____ad (포기하다)

(5) _____olvas (다 읽다)

(6) _____megy (집에 가다)

(7) _____néz (들여다보다)

(8) _____megy (올라가다)

(9) _____fog (~와 힘을 합치다)

(10) _____jön (여기로 오다)

4. 다음 문장을 부정문으로 바꿔 쓰세요.

(1) Minsu időben felkelt.

▶ _____

(2) Megnyertük a versenyt.

▶ _____

(3) Elmegy az orvoshoz.

▶ _____

(4) Megcsináltam a házi feladatot.

▶ _____

(5) Hazamegy óra után.

▶ _____

Lecke

11

여행 계획을 말해볼까요? 여행과 관련된 다양한 어휘를 익히고, 동사의 미래형에 대해 알아보겠습니다.

Utazás

여행

Minsu	Nyáron hova fogtok utazni?
	냐론　　　호버　　포그톡　　우터즈니
Anna	Nyugat-Európába fogunk menni.
	뉴거트　　　애우로파버　　포군크　　맨니
Minsu	Mi az úti cél?
	미　　어즈 우티　체일
Anna	Franciaország és Anglia
	프런치어오르싸그　　　에이쉬 엉그리어
Minsu	De jó! Hol fogtok megszállni?
	대　요　홀　포그톡　　매그쌀니
Anna	Először a Hilton szállodát fogjuk lefoglalni,
	앨뢰쒸르　어 힐톤　　쌀로다트　　포그육　　래포글럴니
	aztán kempingezőhelyre fogunk menni.
	어즈탄　캠핑애죄해이래　　　　포군크　　맨니
Minsu	Irigykedem. Kellemes nyaralást kívánok.
	이리즈캐댐　　　캘래매쉬　너러라쉬트　키와녹
Anna	Köszi. Te nem fogsz menni sehová?
	꾀씨　태 냄　포그스　맨니　쌔호와
Minsu	Ősszel Berlinbe fogok menni.
	외쌜　　배르린배　　포그옥　맨니
Anna	Jó városnézést!
	요　와로쉬네이제이스트

민수	여름에 어디에 갈 거야?
안나	우리는 서유럽에 갈 거야.
민수	목적지가 어디야?
안나	프랑스와 영국이야.
민수	좋겠다. 어디서 머물 거야?
안나	먼저 힐튼 호텔을 예약할 거고 그 다음에 캠핑장에 갈 거야.
민수	부럽다. 즐거운 여행하길 바라.
안나	고마워. 너는? 어디 안 갈 거야?
민수	올해 가을에 베를린으로 갈 거야.
안나	즐거운 관광하길.

- úti cél 목적지
- megszáll 머물다
- először 처음에
- szálloda 호텔
- lefoglal 예약하다

- azután 그 다음에
- kempingezőhely 캠핑장
- irigykedik 부럽다
- kellemes 즐겁다

- nyaralás 여행
- kíván 원하다. 바라다
- sehová 어디로도, 아무데도 …않다
- városnézés 관광

어휘

● Utazás / 여행

utazás	여행	útlevél	여권
utazási iroda	여행사	úti cél	목적지
utazásbiztosítás	여행 보험	útvonal	일정
szabadság	휴가	elindul	출발하다
városnézés	관광	megérkezik	도착하다
üzleti út	비즈니스 출장	utazik	여행하다
brossúra	브로셔	ellátogat, meglátogat	방문하다
útiköltség	비용	késés	지연
foglalás	예약	információspult	안내소
törli a foglalást	예약을 취소하다	térkép	지도
utas	승객	szállodában megszáll	호텔에 머물다

főszezon	성수기	turista osztály	이코노미 클래스
előszezon, utószezon	비수기	bőrönd	여행용 가방
szervezett társasutazás	패키지 단체여행	hátizsák	백팩
egyéni utazás	자유여행	beszállókártya	탑승권
átszáll	갈아타다	külföldi, idegen	외국인
vám	세관	reptér	공항
útlevél ellenőrzés	여권 확인	szállás	숙소
első osztály	비즈니스 클래스	autóbérlés	자동차 대여

● Szállástípusok / 숙박시설

szálloda	호텔	hostel	호스텔
félpanzió	**B&B**(침대와 아침식사 제공)	kempingezőhely	캠핑장
vendégház	민박집(집 전체 사용)		

문법

Ⓐ 동사의 미래형

미래형은 미래 조동사 **fog**를 사용하여 '**fog**+동사 원형'의 형태로 나타낸다. 이때 **fog** 동사는 인칭 변화를 하며, 1변화와 2변화가 있다. 1변화와 2변화의 사용 조건은 현재형, 과거형과 같다.

동사의 원형은 12과

● fog 동사의 미래형 1변화

én	te	ő	mi	ti	ők
fogok	fogsz	fog	fogunk	fogtok	fognak

	dolgozik 일하다	tanul 공부하다	megy 가다
én	fogok dolgozni	fogok tanulni	fogok menni
te	fogsz dolgozni	fogsz tanulni	fogsz menni
ő	fog dolgozni	fog tanulni	fog menni
mi	fogunk dolgozni	fogunk tanulni	fogunk menni
ti	fogtok dolgozni	fogtok tanulni	fogtok menni
ők	fognak dolgozni	fognak tanulni	fognak menni

Holnap fogunk menni Magyarországra. 우리는 내일 헝가리에 갈 것이다.

Hétvégén fog kirándulni. 그는 주말에 소풍을 갈 것이다.

Jövőre fogok diplomázni. 나는 내년에 졸업할 것이다.

Egy év múlva nyugdíjba fogok menni. 나는 1년 후에 퇴직할 것이다.

● fog 동사의 미래형 2변화

én	te	ő	mi	ti	ők
fogom	fogod	fogja	fogjuk	fogjátok	fogják

	főz 요리하다	tanul 공부하다	ad 주다
én	fogom főzni	fogom tanulni	fogom adni
te	fogod főzni	fogod tanulni	fogod adni

ő	fogja főzni	fogja tanulni	fogja adni
mi	fogjuk főzni	fogjuk tanulni	fogjuk adni
ti	fogjátok főzni	fogjátok tanulni	fogjátok adni
ők	fogják főzni	fogják tanulni	fogják adni

Holnap egy dolgozatot fogok írni. 나는 내일 시험 하나를 볼 것이다.

Holnap az önéletrajzomat fogom írni. 내일은 내 이력서를 쓸 것이다.

Jövőre külföldön fogok tanulni. 내년에 외국에서 공부할 것이다.

Jövőre a magyar nyelvet fogom tanulni. 내년에 헝가리어를 공부할 것이다.

※ 주어의 의지 또는 어떤 일에 대한 확신을 나타낼 때 조동사 **fog**를 쓸 수 있다.

Nyárig le fogok fogyni 10 kilót. 여름까지 10킬로를 뺄 것이다.

Jövőre Magyarországra fogok menni. 내년에는 헝가리에 갈 것이다.

Holnap esni fog az eső. 내일 비가 올 것이다.

❶ 전철이 있는 동사의 미래형

동사를 강조할 때에는 전철과 동사를 분리하고 **fog** 동사를 전철과 동사 사이에 넣는다.

> 전철 + fog + 동사

- elmosogat (설거지하다) + fog

  <u>El</u> fogom <u>mosogatni</u> a koszos tányért. 나는 더러운 접시를 설거지할 것이다.

- meghív (초대하다) + fog

  <u>Meg</u> fogom <u>hívni</u> őt. 나는 그를 초대할 것이다.

- felhív (전화하다) + fog

  <u>Fel</u> fogom <u>hívni</u> a barátomat. 나는 내 친구에게 전화를 할 것이다.

문법

동사가 아닌 다른 부분을 강조할 때에는 전철과 동사를 분리하지 않는다.

> **fog + 전철 + 동사**

Őt fogom <u>meghívni</u>. 내가 초대할 사람은 <u>그 사람</u>이야.
(*cf.* Meg fogom <u>hívni</u> őt. 나는 그를 초대할 것이다.)

A barátomat fogom <u>felhívni</u>. 내가 전화할 사람은 <u>친구</u>야.
(*cf.* Fel fogom <u>hívni</u> a barátomat. 나는 내 친구에게 전화할 것이다.)

<u>Mikor</u> fogsz <u>visszamenni</u> Koreába? 너는 한국에 <u>언제</u> 돌아갈 거야?
_(강조)

<u>Otthon</u> fogom <u>megírni</u> a leckét. 나는 숙제를 <u>집</u>에서 할 거야.
_(강조)

ⓒ van 동사의 미래형

van 동사는 **fog** 동사 없이 단독으로 미래형을 가지며, '~일 것이다', '있을 것이다'의 의미가 된다.

● van 동사의 미래형

én	te	ő	mi	ti	ők
leszek	leszel	lesz	leszünk	lesztek	lesznek

Jövőre anya leszek. 나는 내년에 엄마가 될 것이다.
Nyáron Koreában leszel? 너는 여름에 한국에 있을 거야?
A barátom 30 éves lesz. 내 남자친구는 30살이 될 것이다.
Mi hétvégén otthon leszünk. 우리는 주말에 집에 있을 것이다.

ⓓ 기타 미래 표현법

문장 안에 미래를 나타내는 시간 표현이 있을 때는 미래형 대신 현재형을 쓸 수 있다.

Holnap nem dolgozom. 내일은 일을 안 할 것이다.
(= Holnap nem fogok dolgozni.)

Délután vásárolok. 오후에 쇼핑할 것이다.
(= Délután fogok vásárolni.)

※ 미래를 나타내는 시간 표현

majd	나중에	ezen a héten	이번 주에
most vasárnap	이번 주 일요일	holnap	내일
jövőre	내년에	holnapután	모레
(az) ősszel	올해 가을에	(a) jövő kedden	다음 주 화요일
(a) tavasszal	올해 봄에	(a) jövő hónapban	다음 달에
(a) nyáron	올해 여름에	idén/ ebben az évben	올해
(a) télen	올해 겨울에	rögtön	당장, 바로
két hét múlva	2주 뒤에	azonnal	곧, 당장
mindjárt	곧	ma este	오늘 밤
nemsokára	곧	ma délután	오늘 오후
ebben a hónapban	이번 달에	holnap este	내일 밤
hamarosan	곧	(a) hétvégén	주말에

연습문제

1. 다음 빈칸에 fog의 올바른 형태를 쓰세요.

    (1) Holnap vizsgázni _____ . (én)

    (2) Hétvégén takarítani _____ . (ő)

    (3) Este el _____ olvasni a kedvenc könyvem. (én)

    (4) Körbe _____ utazni Európát. (mi)

    (5) Meg _____ csinálni a házi feladatot. (ők)

    (6) Magyarországra _____ menni. (ők)

2. 다음 현재형 문장을 미래형 문장으로 바꿔 쓰세요.

> | 보기 | **Este moziba megy.**   ▶   Este moziba fog menni.

    (1) Holnap pizzát csinálok otthon.

      ▶ _____

    (2) Jövő hónapban új városba költözünk.

      ▶ _____

    (3) Jövő héten Koreába megyek.

      ▶ _____

    (4) Télen külföldre megy tanulni.

      ▶ _____

3. 문장을 읽고 다음에 일어날 상황을 주어진 어휘를 사용하여 쓰세요.

| 보기 | Minsu megbukott a vizsgán.
> Minsu újra fog vizsgázni.

(1) Éva és Peti összeházasodtak.
> (nászútra megy) _____

(2) Mostanában kicsit meghíztam.
> (diétázik) _____

(3) Minsu elvesztette a telefonját.
> (rendőrségre megy) _____

(4) Koszos a lakás.
> (kitakarítja a lakást) _____

4. 다음 문장을 미래형 문장으로 바꿔 쓰세요.

| 보기 | Odaadom a tollam.
> Oda fogom adni a tollam.

(1) Minsu időben felkelt.
> _____

(2) Megnyertük a versenyt.
> _____

(3) Elmegy az orvoshoz.
> _____

(4) Visszakérem a könyvet.
> _____

(5) Megcsináltam a házi feladatot.
> _____

(6) Hazamegy óra után.
> _____

Lecke

12

이번에는 취미에 대해 말해볼까요? 운동이나 취미와 관련된 다양한 어휘를 익히고, '～할 수 있다', '～하는 것을 좋아하다', '～하러 가다' 등의 표현을 알아보겠습니다.

Hobbi

취미

Anna	Minsu, mi a hobbid?
	민수　　　미 어 홉빋
Minsu	A hegymászás. Neked mi a hobbid?
	어 해즈마사쉬　　　내캗　　미 어 홉빋
Anna	Én úszni szeretek.
	에인 우스니　쌔래택
Minsu	Holnap hegyet akarok mászni. Akarsz velem jönni?
	홀넙　　해쟅　어커록　마스니　어커르스　웰램　욘니
Anna	Igen, akarok. Te tudsz úszni?
	이갠　어커록　　태 투드즈　우스니
Minsu	Sajnos nem tudok.
	써유노쉬　냄　　투독
Anna	Kár. Akkor holnap találkozunk!
	카르 어코르　홀넙　　터랄코준크
Minsu	Rendben. Már alig várom!
	랜드밴　　　마르　얼릭　와롬

안나	민수, 너의 취미는 뭐야?
민수	등산하기야. 너의 취미는?
안나	나는 수영하는 것을 좋아해.
민수	내일 등산하러 갈 건데, 같이 갈래?
안나	응, 가고 싶어. 너는 수영할 줄 알아?
민수	안타깝게도, 못해.
안나	아쉽다. 그럼 내일 만나.
민수	그래. 너무 기대돼.

□ hobbi 취미
□ hegymászás 등산하기
□ neked 너의
□ úszik 수영하다
□ szeret 좋아하다
□ holnap 내일

□ hegy 산
□ hegyet mászik 등산하다
□ akar 원하다/~하고 싶다
□ velem 나와 같이
□ tud 알다/ ~할 수 있다
□ sajnos 안타깝게도

□ kár 아쉽다
□ akkor 그럼
□ rendben 그래, 알았어
□ vár 기다리다
□ már alig várom 너무 기대하다

어휘

MP3 **12-2**

	úszás / úszik 수영하기 / 수영하다		**torna / tornázik** 운동하기 / 운동하다
	kosárlabda / kosárlabdázik 농구하기 / 농구하다		**síelés / síel** 스키 타기 / 스키 타다
	röplabda / röplabdázik 배구하기 / 배구하다		**golf / golfozik** 골프 치기 / 골프 치다
	futball, labdarúgás, foci / focizik 축구하기 / 축구하다		**lovaglás / lovagol** 승마하기 / 승마하다
	korcsolyázás / korcsolyázik 스케이트 타기 / 스케이트 타다		**hegymászás / hegyet mászik** 등산하기 / 등산하다
	tenisz / teniszezik 테니스 치기 / 테니스 치다		**biciklizés / biciklizik** 자전거 타기 / 자전거 타다

● Hobbi / 취미

	**zenehallgatás / zenét hallgat** 음악 듣기 / 음악을 듣다		**fényképezés / fényképez** 사진 찍기 / 사진을 찍다
	olvasás / könyvet olvas 책 읽기 / 책을 읽다		**utazás / utazik** 여행하기 / 여행하다
	főzés / főz 요리하기 / 요리하다		**zongorázás / zongorázik** 피아노 치기 / 피아노를 치다
	táncolás / táncol 춤추기 / 춤을 추다		**gitározás /gitározik** 기타 치기 / 기타를 치다
	**filmnézés / filmet néz** 영화 보기 / 영화를 보다		**túrázás / túrázik** 하이킹하기 / 하이킹하다
	**tévénézés / tévét néz** TV 보기 / TV를 보다		**horgászás / horgászik** 낚시하기 / 낚시하다

A 동사의 원형

동사의 원형은 동사의 현재형 1변화 3인칭 단수 형태에 **-ni**를 붙인 형태이다.

① 규칙 동사, -s, -sz, -z로 끝나는 동사

néz	+	ni	→	nézni	보다
tanul	+	ni	→	tanulni	공부하다
olvas	+	ni	→	olvasni	읽다
ad	+	ni	→	adni	주다

② 두 개의 자음이나 -ít로 끝나는 동사

발음을 쉽게 하기 위해 삽입 모음 **a**나 **e**를 넣고 **-ni**를 붙인다.

dönt	+	ni	→	dönteni	결정하다
takarít	+	ni	→	takarítani	청소하다
ajánl	+	ni	→	ajánlani	추천하다

③ -ik 동사

동사가 **-ik**로 끝나면 **ik**를 빼고 **-ni**를 붙인다.

utazik	+	ni	→	utazni	여행하다
dolgozik	+	ni	→	dolgozni	근무하다/일하다
aggódik	+	ni	→	aggódni	걱정하다

④ 불규칙 동사

van	+	ni	→	lenni	있다
vesz	+	ni	→	venni	사다
visz	+	ni	→	vinni	가져가다
hisz	+	ni	→	hinni	믿다
tesz	+	ni	→	tenni	하다, 두다

eszik	+	ni	→	enni	먹다
iszik	+	ni	→	inni	마시다
megy	+	ni	→	menni	가다
alszik	+	ni	→	aludni	자다
fekszik	+	ni	→	feküdni	눕다

Ⓑ ~하고 싶다/하고 싶지 않다

> akar/nem akar + 동사 원형: ~하고 싶다/하고 싶지 않다

akar 동사는 일반 동사일 때 '원하다'의 뜻이고, 조동사로 쓰이면 '~하고 싶다'의 뜻이 된다. 시제 및 인칭에 따라 형태가 변한다.

● akar 동사의 인칭 변화

én	akarok	mi	akarunk
te	akarsz	ti	akartok
ő/Ön	akar	ők/Önök	akarnak

szeretne도 '~하기를 원하다/희망하다', '~하고 싶다'라는 뜻으로, **akar**보다 좀 더 완곡하고 부드러우며 공손한 표현이다. **akar**은 '~을 원한다. 그래서 꼭 해야겠다'라는 강한 의지가 담긴 표현으로, 처음 만나는 사람에게는 **akar** 보다는 **szeretne**를 쓰는 게 좋다.

● szeretne 동사의 인칭 변화

én	szeretnék	mi	szeretnénk
te	szeretnél	ti	szeretnétek
ő/Ön	szeretne	ők/Önök	szeretnének

문법

akarok / szeretnék úszni   나는 수영하고 싶다

akarsz / szeretnél főzni   너는 요리하고 싶다

akar / szeretne síelni   그는 스키를 타고 싶다

akarunk / szeretnénk lovagolni   우리는 승마하고 싶다

nem akarok / szeretnék olvasni   나는 읽고 싶지 않다

nem akar / szeretne síelni   그는 스키를 타고 싶지 않다

nem akartok / szeretnétek úszni   너희는 수영하고 싶지 않다

nem akarnak / szeretnének főzni   그들은 요리하고 싶지 않다

ⓒ ~할 수 있다/할 수 없다

> **tud/nem tud + 동사 원형:** ~할 수 있다/할 수 없다

tud 동사는 일반 동사일 때 '알다'의 뜻이고, 조동사일 때 '~할 수 있다'의 의미가 된다. tud 동사는 조동사로 쓰일 때 lát(보다), hall(듣다), ért(이해하다) 동사와 같이 쓰지 않는다.

Egy férfit látok. 남자 한 명이 보인다.
Egy férfit tudok látni. (x)

Jól hallasz? 잘 들려?
Jól tudsz hallani? (x)

Nem értem. 난 이해할 수 없다.
Nem tudom érteni. (x)

● tud 동사의 인칭 변화

én	tudok	mi	tudunk
te	tudsz	ti	tudtok
ő/Ön	tud	ők/Önök	tudnak

tudok úszni	나는 수영할 수 있다
tudsz zongorázni	너는 피아노를 칠 수 있다
tud síelni	그는 스키를 탈 수 있다
tudunk lovagolni	우리는 승마할 수 있다
nem tud síelni	그는 스키를 탈 수 없다
nem tudunk lovagolni	우리는 승마할 수 없다
nem tudtok úszni	너희는 수영할 수 없다
nem tudnak zongorázni	그들은 피아노를 칠 수 없다

D ~하는 것을 좋아하다

> **szeret + 동사 원형:** ~하는 것을 좋아하다

● szeret 동사의 인칭 변화

én	szeretek	mi	szeretünk
te	szeretsz	ti	szerettek
ő/Ön	szeret	ők/Önök	szeretnek

szeretek úszni	나는 수영하는 것을 좋아한다
szeretsz zongorázni	너는 피아노 치는 것을 좋아한다
szeret síelni	그는 스키 타는 것을 좋아한다
szeretünk lovagolni	우리는 승마하는 것을 좋아한다
nem szeretek lovagolni	나는 승마하는 것을 좋아하지 않는다
nem szeret síelni	그는 스키 타는 것을 좋아하지 않는다
nem szerettek úszni	너희는 수영하는 것을 좋아하지 않는다
nem szeretnek zongorázni	그들은 피아노 치는 것을 좋아하지 않는다

문법

Ⓔ ~하는 것을 싫어하다

> **utál + 동사 원형:** ~하는 것을 싫어하다

● utál 동사의 인칭 변화

én	utálok	mi	utálunk
te	utálsz	ti	utáltok
ő/Ön	utál	ők/Önök	utálnak

utálok úszni	나는 수영하는 것을 싫어한다
utálsz zongorázni	너는 피아노 치는 것을 싫어한다
utál síelni	그는 스키 타는 것을 싫어한다
utálunk lovagolni	우리는 승마하는 것을 싫어한다
nem utálok lovagolni	나는 승마하는 것을 싫어하지 않는다
nem utál síelni	그는 스키 타는 것을 싫어하지 않는다
nem utáltok úszni	너희는 수영하는 것을 싫어하지 않는다
nem utálnak zongorázni	그들은 피아노 치는 것을 싫어하지 않는다

Ⓕ ~하러 가다

> **megy + 동사 원형:** ~하러 가다

● megy 동사의 인칭 변화

én	megyek	mi	megyünk
te	mész	ti	mentek
ő/Ön	megy	ők/Önök	mennek

megyek úszni	나는 수영하러 간다
mész síelni	너는 스키 타러 간다
megy vásárolni	그는 쇼핑하러 간다

nem megyünk úszni	우리는 수영하러 가지 않는다
nem mentek síelni	너희는 스키 타러 가지 않는다
nem mennek vásárolni	그들은 쇼핑하러 가지 않는다

ⓖ 격조사 -val/vel + 인칭 어미

앞에서 격조사 -val/vel을 명사나 사람 이름에 붙이면 '~와 함께'라는 뜻이 된다는 것을 배웠다. (4과)
이 -val/vel에 인칭 어미를 붙여 같은 의미를 나타낼 수도 있다.

én	velem 나와 (함께)	mi	velünk 우리와 (함께)
te	veled 너와 (함께)	ti	veletek 너희와 (함께)
ő	vele 그/그녀와 (함께)	ők	velük 그들과 (함께)
Ön	Önnel 당신과 (함께)	Önök	Önökkel 당신들과 (함께)

Jössz velem moziba?	나와 함께 영화관에 갈래?
Mindig vele megyek iskolába.	나는 항상 그와 함께 학교에 간다.
Beszél velük.	그는 그들과 이야기를 한다.

연습문제

1. 다음 동사의 원형을 쓰세요.

tanul		jön	
fest		alszik	
kirándul		vásárol	
fut		tanít	
megy		utazik	
mosogat		eszik	

2. 〈보기〉와 같이 다음 표와 일치하는 문장을 만드세요.

	szeret	nem szeret	utál
olvas	✓		
utazik	✓		
főz	✓		
filmet néz	✓		
sportol		✓	
takarít			✓

> | 보기 | **Minsu** szeret olvasni.

(1) Minsu _____

(2) Minsu _____

(3) Minsu _____

(4) Minsu _____

(5) Minsu _____

3. 괄호 안의 단어를 사용하여 〈보기〉와 같이 문장을 만드세요.

> | 보기 | (Éva, bulizik) ▶ Éva megy bulizni.

(1) (Minsu, randizik) ▶ _____

(2) (Peti, tanul) ▶ _____

(3) (Pisti, tornázik) ▶ _____

(4) (Dávid, vásárol) ▶ _____

4. 다음 문장을 헝가리어로 쓰세요.

(1) 나는 오후에 운동하고 싶어요.

　▶ _____

(2) 나는 파리에 여행가고 싶어요.

　▶ _____

(3) 나는 헝가리어를 잘하고 싶어요.

　▶ _____

(4) 나는 집에 가고 싶어요.

　▶ _____

(5) 너는 수영을 잘할 수 있다.

　▶ _____

(6) 그들은 축구를 잘할 수 있다.

　▶ _____

Lecke

13

어떤 집안일을 하시나요? 쓰레기를 버려야 하고, 설거지를 해야 하나요? 다양한 집안일 어휘를 익히고, '~해야 한다'라는 표현을 알아보겠습니다.

Házimunka

집안일

Anna	Minsu, otthon milyen házimunkát szoktál csinálni?
	민수 오트혼 미앤 하지문캍 쏘크탈 치날니
Minsu	Ki szoktam vinni a szemetet és megöntözöm a virágokat.
	키 쏘크텀 윈니 어 쌤애탵 에이쉬 맥왼틔짐 어 외라고컽
Anna	Nem kell mosogatnod?
	냄 캘 모소거트노드
Minsu	Szerencsére nem kell. Neked milyen házimunkát kell csinálni?
	쌔랜체이래 냄 캘 내캔 미앤 하지문캇 캘 치날니
Anna	Rendet kell raknom és el kell mosogatnom a piszkos edényeket.
	랜댙 캘 러그놈 에이쉬 앨 캘 모소가트놈 어 피스코쉬 애데이내캘
Minsu	Az öcséd szokott segíteni anyukádnak?
	어즈 외체이드 쏘코트 쌔기태니 어뉴카드넉
Anna	Néha tereget és porszívozik.
	네이허 때래개트 에이쉬 포르씨워지크
Minsu	Az öcséd nagyon szorgalmas.
	어즈 외체이드 너존 쏘르걸머쉬

안나	민수, 집에서 어떤 집안일을 하곤 해?
민수	쓰레기를 버리고 화분에 물을 주곤 해.
안나	설거지는 안 해도 돼?
민수	응, 안 해도 돼. 너는 어떤 집안일을 해?
안나	나는 집을 정리해야 하고 더러운 냄비들을 설거지해야 해.
민수	너의 남동생은 너의 엄마를 도와주곤 해?
안나	그는 가끔 빨래를 널고 진공청소기를 돌리곤 해.
민수	너의 남동생은 매우 부지런하네.

- □ házimunka 집안일
- □ szokik ∼곤 하다
- □ kiviszi a szemetet 쓰레기를 버리다
- □ megöntözi a virágot 꽃에 물을 주다
- □ kell ∼해야 하다
- □ mosogat 설거지하다

- □ szerencsére 다행히
- □ rendet rak 정리하다
- □ elmosogatja a piszkos edényt 더러운 냄비를 설거지하다
- □ öcséd 너의 남동생
- □ segít 돕다

- □ anyukádnak 너의 엄마에게
- □ néha 가끔
- □ tereget (빨래를) 널다, 펼치다
- □ porszívozik 진공청소기를 돌리다
- □ nagyon 너무, 아주
- □ szorgalmas 부지런하다

어휘

🔘 MP3 **13-2**

vasal
다림질을 하다
kivasalja a ruhát
옷을 다리다

porszívózik
진공청소기를 돌리다

leporol
먼지 털다

főz 요리하다
megfőzi az ebédet
점심식사를 요리하다

összehajtogatja a ruhákat
빨래를 개다

mos
빨래하다

megterít 밥상을 차리다
megteríti az asztalt
식탁을 차리다

elmosogat
설거지하다

rendet rak
정리하다

kiviszi a szemetet
쓰레기를 버리다

kipucolja a cipőket
구두를 솔로 닦다

bevásárol
장보다

megöntözi a virágokat
꽃에 물을 주다

**tereget /
kiteregeti a vizes ruhát**
빨래를 널다

beveti az ágyat / megágyaz
침대를 정리하다

● Háztartási eszközök / 가정용품

mosogatógép	식기 세척기	mosópor	세제, 가루비누
mosogatószer	주방세제(설거지용)	szappan	비누
konyharuha	행주	seprű	빗자루
szivacs	스펀지	vasaló	다리미
porszívó	청소기	vasalódeszka	다리미판
asztalterítő	식탁보	felmosórongy	대걸레
szemetes / szetemeskosár	쓰레기통	konnektor	플러그
mosógép	세탁기	szőnyeg	카펫
tisztítószer	세제	függöny	커튼
öblítő	섬유유연제	szobanövény	실내용 화초

A 동사의 원형 + 소유격 어미

일반적으로 '조동사+동사 원형'의 형태를 쓸 때, 동사의 인칭 변화는 조동사에서 하고, 뒤에는 동사 원형이 그대로 나온다. 그런데 조동사가 비인칭 동사(인칭에 따른 형태 변화가 없는 동사)일 경우에는 뒤에 나오는 동사의 원형에 소유격 어미를 붙여 인칭 변화를 시킨다. 이때 '동사 원형+소유격 어미' 대신에 동사 원형을 그대로 쓰기도 한다.

● 비인칭 동사(조동사)

kell	~ 해야 한다, 꼭 있어야 하다
muszáj	~ 해야만 한다, 필수적이다
tilos	~ 하면 안 된다, 금지된, 허가/허용되지 않은

● 소유격 어미

	후설 모음 동사	전설 모음 동사	원순 모음 동사
én	-nom	-nem	-nöm
te	-nod	-ned	-nöd
ő	-nia	-nie	-nie
mi	-nunk	-nünk	-nünk
ti	-notok	-netek	-nötök
ők	-niuk	-niük	-niük

① 규칙 동사, -s, sz, z로 끝나는 동사

	ad 주다	bérel 대여하다	ül 앉다
én	adnom	bérelnem	ülnöm
te	adnod	bérelned	ülnöd
ő	adnia	bérelnie	ülnie
mi	adnunk	bérelnünk	ülnünk
ti	adnotok	bérelnetek	ülnötök
ők	adniuk	bérelniük	ülniük

② -ít 동사, 두 개 자음으로 끝나는 동사

	javít 수리하다, 수정하다	készít 만들다, 마련하다	dönt* 결정하다
én	javítanom	készítenem	döntenem
te	javítanod	készítened	döntened
ő	javítania	készítenie	döntenie
mi	javítanunk	készítenünk	döntenünk
ti	javítanotok	készítenetek	döntenetek
ők	javítaniuk	készíteniük	dönteniük

* -ít 동사, 두 개 자음으로 끝나는 동사 그룹에서 원순 모음 동사는 대부분 전설 모음 동사 어미의 규칙을 따른다.

③ -ik 동사

	dolgozik 일하다	utazik 여행하다	öltözik 옷을 입다
én	dolgoznom	utaznom	öltöznöm
te	dolgoznod	utaznod	öltöznöd
ő	dolgoznia	utaznia	öltöznie
mi	dolgoznunk	utaznunk	öltöznünk
ti	dolgoznotok	utaznotok	öltöznötök
ők	dolgozniuk	utazniuk	öltözniük

④ 불규칙 동사

	megy 가다	hisz 믿다	eszik 먹다
én	mennem	hinnem	ennem
te	menned	hinned	enned
ő	mennie	hinnie	ennie
mi	mennünk	hinnünk	ennünk
ti	mennetek	hinnetek	ennetek
ők	menniük	hinniük	enniük

문법

	iszik 마시다	jön 오다	alszik 자다
én	innom	jönnöm	aludnom
te	innod	jönnöd	aludnod
ő	innia	jönnie	aludnia
mi	innunk	jönnünk	aludnunk
ti	innotok	jönnötök	aludnotok
ők	inniuk	jönniük	aludniuk

Tanulnom kell.	나는 공부해야 한다.
Muszáj ilyen hamar hazamennetek?	너희는 이렇게 일찍 집에 가야 하니?
Itt tilos dohányoznod.	너는 여기서 흡연하면 안 돼.

❸ kell

비인칭 동사 kell(과거형 kellett)은 다음 두 가지 의미를 갖는다.

① 필요하다

명사와 같이 쓰일 때는 '필요하다'라는 의미이다.

Mi kell még?	뭐가 더 필요해?
Kell egy tej is.	우유도 필요해.

② ~해야 한다

'누가 ~을 해야 한다'라는 표현을 헝가리어로는 '누구에게 ~하는 것이 필요하다'라는 형식으로 말한다. 이때 '누구에게'에 해당하는 형태가 여격이다. 여격은 대명사가 간접목적어이거나 간접목적어와 관련될 때 취하는 형태로, '-nek/nak + 인칭어미'의 형태로 나타낸다. 여격어는 생략할 수도 있다.

(Nekem) takarítanom kell.	나는 청소해야 한다.
(Neked) tanulnod kell.	너는 공부해야 한다.
(Neki) mennie kell haza.	그는 집에 가야 한다.
(Nekünk) dolgoznunk kell.	우리는 일해야 한다.

C 여격

$$\boxed{\text{-nek, -nak + 인칭어미}}$$

én	nekem	나에게	mi	nekünk	우리에게
te	neked	너에게	ti	nektek	너희에게
ő	neki	그에게/그녀에게	ők	nekik	그들에게
Ön	Önnek	당신에게	Önök	Önöknek	당신들에게

※ 명사나 사람 이름의 여격은 후설 모음 명사 뒤에 **-nak**, 전설 모음 명사 뒤에 **-nek**를 붙인다.

Minsu + nak	→	Minsunak	민수에게
testvérem + nek	→	testvéremnek	내 형제에게
tanár + nak	→	tanárnak	선생님에게

여격과 같이 쓰는 동사들은 다음과 같으며, 간접목적어(~에게)와 직접목적어(~을/를)의 위치는 자유롭게 쓸 수 있다.

ad	…에게 ~을 주다	főz	…에게 ~을 요리해주다
ír	…에게 ~을 쓰다	olvas	…에게 ~을 읽어주다
mond	…에게 ~을 말하다	fizet	…에게 ~을 지불하다
visz	…에게 ~을 가져가다	vesz	…에게 ~을 사주다
hoz	…에게 ~을 가져오다	válaszol	…에게 ~을 대답하다

Anyunak virágot veszek.	엄마에게 꽃을 사준다.
Mondok neked egy titkot.	너에게 비밀 하나를 말해준다.
Főzök neki ebédet.	그에게 점심식사를 요리해준다.

köszön (간목)	…를 환영하다, 맞이하다	hoz (간목 + 직목)	…에게 ~를 가져오다
tetszik (간목 + 직목)	…에게 ~이 마음에 들다	örül (간목 + 직목)	…를 반가워하다/기뻐하다
segít (간목 + 직목)	…에게 ~을 도와주다	(간목) jól / rosszul áll (직목)	…에게 ~이 잘 어울리다/안 어울리다
(간목) fáj (직목)	…는 ~이 아프다	(간목) hívnak (직목)	…는 ~라고 불리다

※ 간접목적어와 직접목적어의 위치는 자유롭게 쓸 수 있다.

문법

Minsunak fáj a feje.   민수는 머리가 아프다.

Jól áll neked ez a szoknya.   너에게 이 치마가 잘 어울린다.

Segítünk neki.   그를 도와준다.

Ⓓ 반복적인 습관의 표현 '~하곤 하다'

'~하곤 하다'라는 뜻으로 현재의 반복적인 습관을 나타낼 때는 'szokott(szokik 동사의 과거형 인칭 변화)＋동사 원형' 형태를 쓴다.

	1변화	2변화
én	szoktam	szoktam
te	szoktál	szoktad
ő	szokott	szokta
mi	szoktunk	szoktuk
ti	szoktatok	szoktátok
ők	szoktak	szokták

Itt szoktam ebédelni. 나는 점심식사를 여기서 하곤 한다.

Itt szoktak vásárolni. 그들은 여기서 쇼핑하곤 한다.

● szokik의 과거형 1변화의 예시:

	tanul 공부하다	tornázik 운동하다	dolgozik 일하다
én	szoktam tanulni	szoktam tornázni	szoktam dolgozni
te	szoktál tanulni	szoktál tornázni	szoktál dolgozni
ő	szokott tanulni	szokott tornázni	szokott dolgozni
mi	szoktunk tanulni	szoktunk tornázni	szoktunk dolgozni
ti	szoktatok tanulni	szoktatok tornázni	szoktatok dolgozni
ők	szoktak tanulni	szoktak tornázni	szoktak dolgozni

Hétvégén sokat szoktam pihenni. 나는 주말에 많이 쉬곤 한다.

Meddig szoktál dolgozni? 몇 시까지 일하곤 하니?

Nem szokott sokat tanulni. 그는 많이 공부하곤 하지 않는다.

Gyakran szoktak filmet nézni. 그들은 영화를 자주 보곤 한다.

Sokat szoktunk utazni. 우리는 여행을 자주 가곤 한다.

● szokik의 과거형 2변화의 예시:

	csinál 만들다	néz 보다	eszik 먹다
én	szoktam csinálni	szoktam nézni	szoktam enni
te	szoktad csinálni	szoktad nézni	szoktad enni
ő	szokta csinálni	szokta nézni	szokta enni
mi	szoktuk csinálni	szoktuk nézni	szoktuk enni
ti	szoktátok csinálni	szoktátok nézni	szoktátok enni
ők	szokták csinálni	szokták nézni	szokták enni

문장 안에서 동사를 강조할 때, 동사 앞에 전철이 붙어 있는 경우에는 전철이 동사에서 분리되어 szokott이 전철과 동사 사이에 위치한다.

Meg szokta csinálni a házi feladatot. 그는 숙제를 만들곤 한다.

Mindig meg szokták nézni a kedvenc sorozatukat. 그들은 좋아하는 드라마를 보곤 한다.

Meg szoktad enni a zöldséget? 너는 야채를 먹곤 하니?

El szoktuk olvasni az emailjeinket. 우리는 이메일을 다 읽곤 한다.

Be szoktátok venni a gyógyszert. 너희는 약을 먹곤 한다.

연습문제

1. 다음 동사에 소유격 어미를 붙여 쓰세요.

	tanul 공부하다	mos 씻다	kér 부탁하다
én			
te			
ő			
mi			
ti			
ők			

2. 주어진 단어를 szokik 동사와 결합하여 빈칸을 채우세요.

(1) Gyakran _____ _____. (bulizik)

　　나는 파티에 자주 가곤 한다.

(2) Mindig ő _____ _____ a szemetet. (kivisz)

　　그는 항상 쓰레기를 버리곤 한다.

(3) El _____ _____ az újságot. (olvas)

　　우리는 신문을 다 읽곤 한다.

(4) Hány órákor _____ _____. (felkel)

　　몇 시에 일어나곤 해요?

(5) Hány óráig _____ iskolában _____. (van)

　　너희는 학교에서 몇 시까지 있곤 하니?

3. 그림을 보고 〈보기〉와 같이 쓰세요.

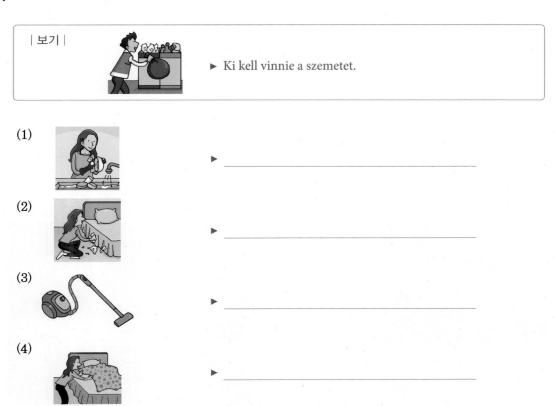

| 보기 |

► Ki kell vinnie a szemetet.

(1)

► _____

(2)

► _____

(3)

► _____

(4)

► _____

4. 다음 문장을 읽고 이어질 행동을 〈보기〉와 같이 쓰세요.

| 보기 | Holnap vizsgám lesz.   ► Tanulnom kell.

(1) Koszos a lakás.   ► _____ (ő)

(2) Sok a munkája.   ► _____ (ő)

(3) Rosszul vagyok.   ► _____

(4) Kirúgták az állásából.   ► _____

Lecke

14

어디가 어떻게 아픈지 말하는 연습을 해볼까요? 신체 각 부위와 질병에 관한 어휘를 익히고 '(나의) 배가 아파요', '(그들의) 머리가 아파요' 등과 같이 소유 표현을 이용하여 '~가 아프다'고 말하는 방법을 알아보겠습니다.

Egészség

건강

회화

Minsu
Jó napot kívánok! Szeretnék beszélni egy orvossal.
요 나폿 키바녹 쌔랱네이크 배쎄일니 애지 오르워썰

Ápolónő
Sürgős? Van időpontja?
스르괴쉬 번 이되폰쟈

Minsu
Igen, van.
이갠 번

Ápolónő
Egy kis türelmet kérek.
애지 키쉬 트랠맽 케이랙

Doktornő
Mi a panasza? Hol fáj?
미 어 퍼너서 홀 파이

Minsu
Tegnap lázas voltam és hánytam.
태그넢 라저쉬 월텀 에이쉬 하뉴탐

Még most is fáj a fejem és a torkom.
메이그 모쉬트 이쉬 파이 어 패옘 에이쉬 어 토르콤

Doktornő
Felírok Önnek egy antibiotikumot.
팰이록 왼낵 애지 언티비오티쿰옽

Sokat kell pihennie és rendbe fog jönni.
쇼컷 캘 피핸니애 에이쉬 랜드배 포그 욘니

Minsu
Köszönöm!
쾨쇠놈

민수	안녕하세요! 의사를 만나고 싶은데요.
간호사	긴급한 상황입니까? 약속이 되어 있습니까?
민수	네, (약속이) 되어 있습니다.
간호사	잠시만요.
의사	무슨 문제가 있습니까? 어디가 아프십니까?
민수	어제 열이 났고 토했습니다. 지금 아직도 머리와 목이 아픕니다.
의사	항생제를 처방해 드리겠습니다. 많이 쉬어야 병이 나아질 것입니다.
민수	고맙습니다!

- ápolónő 간호사
- doktor 의사(orvos)
- sürgős 급하다
- időpont 약속
- türelem 인내
- kis türelmet kérek
  잠시만요 (인내를 부탁합니다)

- panasz 문제, 병, 아픔
- fáj 아프다
- hol fáj? 어디가 아파요?
- lázas 열이 난
- hány 토하다

- fej 머리
- torok 목
- felír 처방하다
- antibiotikum 항생제
- rendbe jön 병이 나아지다

어휘

● Testrészek / 신체

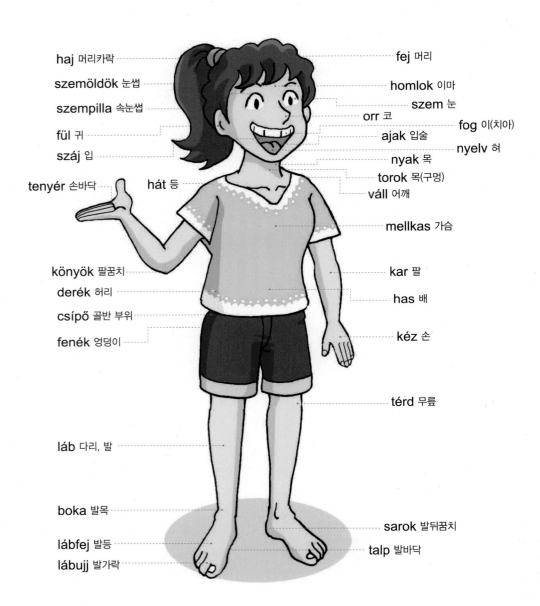

haj 머리카락

szemöldök 눈썹

szempilla 속눈썹

fül 귀

száj 입

tenyér 손바닥

hát 등

könyök 팔꿈치

derék 허리

csípő 골반 부위

fenék 엉덩이

láb 다리, 발

boka 발목

lábfej 발등

lábujj 발가락

fej 머리

homlok 이마

szem 눈

orr 코

fog 이(치아)

ajak 입술

nyelv 혀

nyak 목

torok 목(구멍)

váll 어깨

mellkas 가슴

kar 팔

has 배

kéz 손

térd 무릎

sarok 발뒤꿈치

talp 발바닥

● Betegség / 질병

Hungarian	Korean	Hungarian	Korean
betegség	병	mandulagyulladás	편도염
beteg	환자, 병이 나다	napszúrás (napszúrást kap)	일사병에 걸리다
influenza	독감	törés (eltörik)	골절 (뼈가 부러지다)
fejfájás	두통	seb	상처
fogfájás	치통	elhízás	비만
hasfájás	위통	kiütés	발진
hátfájás	요통	láz (lázas)	열 (열이 나다)
allergia (allergiás)	알레르기 (알레르기가 있다)	szédülés (szédül)	현기증 (어지럽다)
megfázás (megfázik)	감기 (감기에 걸리다)	vérzés (vérez)	출혈 (피가 나다)
köhögés (köhög)	기침 (기침하다)	másnaposság	숙취
rák (rákos)	암 (암에 걸리다)	magas vérnyomás	고혈압
asztma	천식	alacsony vérnyomás	저혈압
hasmenés	설사	fertőzés (megfertőz)	감염 (감염시기다)
megy a hasa	설사하다	cukorbetegség	당뇨병
székrekedés	변비	hányás (hány)	구토 (토하다)

Ⓐ Fáj a ~

'~가 아프다'라는 뜻으로, Fáj a 뒤에 아픈 부위를 소유 인칭 어미를 붙여 쓴다.

Fáj a fejem	나는 머리가 아프다.	Fáj a fejünk	우리는 머리가 아프다.
Fáj a fejed	너는 머리가 아프다.	Fáj a fejetek	너희는 머리가 아프다.
Fáj a feje	그는 머리가 아프다.	Fáj a fejük	그들은 머리가 아프다.

Ⓑ 소유 관계 표현(단수)

영어는 '소유 관계'를 나타낼 때 소유자를 소유격으로 써서 나타내는 반면, 헝가리어는 소유물에 소유 인칭 어미를 붙여 나타낸다. 소유물이 단수일 때와 복수일 때 표현 방법이 각각 다르며, 이번 과에서 는 단수의 경우를 먼저 살펴보자.

소유물이 단수일 때 소유 관계는 다음과 같은 순서로 나타낸다.

> 정관사 + 소유재(인칭대명사) + 소유물 + 소유 인칭 어미

● 소유 인칭 어미

– 소유물이 모음으로 끝나는 경우

소유자	후설 모음 명사	전설 모음 명사	원순 모음 명사
én	-m	-m	-m
te	-d	-d	-d
ő	-ja	-je	-je
mi	-nk	-nk	-nk
ti	-tok	-tek	-tök
ők	-juk	-jük	-jük

단모음 a, e로 끝나는 명사는 장모음 á, é 로 바꾸고 소유 인칭 어미를 붙인다.

소유자	autó 자동차	zsemle 롤빵	cipő 신발
én	autóm 나의 자동차	zsemlém 나의 롤빵	cipőm 나의 신발
te	autód 너의 자동차	zsemléd 너의 롤빵	cipőd 너의 신발
ő	autója 그의 자동차	zsemléje 그의 롤빵	cipője 그의 신발
mi	autónk 우리의 자동차	zsemlénk 우리의 롤빵	cipőnk 우리의 신발
ti	autótok 너희의 자동차	zsemlétek 너희의 롤빵	cipőtök 너희의 신발
ők	autójuk 그들의 자동차	zsemléjük 그들의 롤빵	cipőjük 그들의 신발

– 소유물이 자음으로 끝나는 경우

소유자	후설 모음 명사	전설 모음 명사	원순 모음 명사
én	-om	-em	-öm
te	-od	-ed	-öd
ő	-a, -ja	-e, -je	-e, -je
mi	-unk	-ünk	-ünk
ti	-otok	-etek	-ötök
ők	-uk, -juk	-ük, -jük	-ük, -jük

소유자	barátom 친구	térd 무릎	szemöldök 눈썹
én	barátom 나의 친구	térdem 나의 무릎	szemöldököm 나의 눈썹
te	barátod 너의 친구	térded 너의 무릎	szemöldököd 너의 눈썹
ő	barátja 그의 친구	térde 그의 무릎	szemöldöke 그의 눈썹
mi	barátunk 우리의 친구	térdünk 우리의 무릎	szemöldökünk 우리의 눈썹
ti	barátotok 너희의 친구	térdetek 너희의 무릎	szemöldökötök 너희의 눈썹
ők	barátjuk 그들의 친구	térdük 그들의 무릎	szemöldökük 그들의 눈썹

문법

소유물에 붙은 소유 인칭 어미로 소유자를 알 수 있기 때문에 인칭대명사를 강조하고 싶지 않은 경우에는 인칭대명사를 생략할 수 있다. 3인칭 복수 수요자 ők의 경우에는 ők 대신에 ő를 사용한다.

az én lányom(= a lányom) 나의 딸   az ő kutyájuk (= a kutyájuk) 그들의 강아지

※ 소유 인칭 어미의 주요 규칙

① 명사가 -c, -cs, -dzs, -sz, -z, -s, -zs 또는 -j, -ny, -ty, -gy, -h로 끝나는 경우에는 항상 j가 없는 소유 인칭 어미를 붙인다.

② 명사가 모음으로 끝나거나 -f로 끝나는 경우에는 j가 있는 소유 인칭 어미를 붙인다.

③ 명사가 -v, -l, -r, -m, -g, -k로 끝날 때 대부분의 경우에는 j가 없는 소유 인칭 어미를 붙인다.
(불규칙: ajtóm - ajtód - ajtaja - ajtónk - ajtótok - ajtajuk 문, időm - időd - ideje - időnk - időtök - idejük 시간)

④ 명사가 -b, -d로 끝날 때 대부분의 경우에는 j가 있는 소유 인칭 어미를 붙인다.

⑤ -t로 끝나는 명사 뒤에 j를 붙일 때, j의 발음은 t 앞이 모음이면 tty로, t 앞이 자음이면 ty로 발음한다.

barát + ja → 철자: barátja   발음: baráttya
kert + je → 철자: kertje   발음: kertye

⑥ 후설 모음 단어의 경우 1인칭 단수와 2인칭 단수·복수에서 소유 인칭 어미에 있는 모음 o가 a로 바뀐다.

소유자	has 배	fog 이, 치아	váll 어깨
én	hasam	fogam	vállam
te	hasad	fogad	vállad
ő	hasa	foga	válla
mi	hasunk	fogunk	vállunk
ti	hasatok	fogatok	vállatok
ők	hasuk	foguk	válluk

※ 소유 인칭 어미 뒤에 다른 조사를 붙이는 경우

① 소유 인칭 어미 뒤에는 -kor를 제외하고 모든 조사를 붙일 수 있다.

Nem láttad a szemüvegemet? 내 안경을 못 봤어요?
Minsu lakásában vagyunk. 우리는 민수의 집에 있어요.
Barátoddal voltál a koncerten? 너의 남자친구와 같이 콘서트에 있었니?

② 3인칭 단수의 경우, 소유 인칭 어미가 a, e로 끝날 때 이를 각각 á, é로 바꾸고 조사를 붙인다.

ágya	→	ágyában	그의 침대에서
kertje	→	kertjében	그의 정원에서
háza	→	házát	그의 집을

③ 1인칭, 2인칭 단수의 경우에는 목적격 어미를 생략하는 경우가 많다.

Nem találom a kabátomat.   나의 코트를 못 찾겠어.
= Nem találom a kabátom.
Hozod az esernyődet?   너의 우산을 가져왔니?
= Hozod az esernyőd?

ⓒ 소유 인칭대명사의 단수형

	소유인칭대명사(단수)		소유인칭대명사(단수)
én	enyém 나의 것	mi	mienk 우리의 것
te	tied 너의 것	ti	tietek 너희의 것
ő/ Ön	övé 그/그녀의 것 Öné 당신의 것	ők/Önök	övék 그들/그녀들의 것 Önöké 당신들의 것

Kié ez a füzet?   이 공책은 누구 거예요?
Ez a füzet az enyém.   이 공책은 내 거예요.
Ez az én füzetem.   이것은 내 공책이에요.

Kié ez a kulcs?   이 열쇠는 누구 거예요?
Ez a kulcs a tied.   이 열쇠는 너의 것이야.
Ez a te kulcsod.   이것은 너의 열쇠야.

Kié az az autó?   그 자동차는 누구 거예요?
Az az autó az övé.   그 자동차는 그의 것이에요.
Az az ő autója.   그것은 그의 자동차예요.

연습문제

1. 다음 명사에 소유 인칭 어미를 붙여 쓰세요.

	táska 가방	fej 머리	virág 꽃
én			
te			
ő / Ön			
mi			
ti			
ők / Önök			

2. 주어진 명사에 알맞은 소유 인칭 어미를 붙여 쓰세요.

(1) Az én _____ (könyv) a táskában van. 나의 책은 가방에 있다.

(2) A te _____ (könyv) a táskában van. 너의 책은 가방에 있다.

(3) Az ő _____ (kabát) a szekrényben van. 그의 코트는 옷장에 있다.

(4) A mi _____ (kabát) a szekrényben van. 우리의 코트는 옷장에 있다.

(5) A ti _____ (ház) nagyon szép. 너희의 집은 너무 예쁘다.

(6) Az ő _____ (ház) nagyon szép. 그들의 집은 너무 예쁘다.

(7) Az én _____ (autó) nem új. 나의 자동차는 새롭지 않다.

(8) A mi _____ (autó) nem új. 우리의 자동차는 새롭지 않다.

(9) A te _____ (bicikli) gyors. 너의 자전거는 빠르다.

(10) A ti _____ (bicikli) gyors. 너희의 자전거는 빠르다.

3. 다음 질문에 〈보기〉와 같이 답하세요.

| 보기 |　　　Kié ez az esernyő?　▶　Ez az enyém.
　　　　　　　　　　　　　　　　Ez az én esernyőm.

(1) Kié ez a toll? (ő)　　　　▶ _____ _____

(2) Kié ez a kabát? (ti)　　　▶ _____ _____

(3) Kié ez a kutya? (mi)　　　▶ _____ _____

(4) Kié ez a kocsi? (te)　　　▶ _____ _____

(5) Kié ez a táska? (ők)　　　▶ _____ _____

4. 그림을 보고 어디가 아픈지 쓰세요.

| 보기 |

(1)

(2)

▶ Allergiás. 알레르기가 있다.　　_____

(3)

(4)

(5)

_____　　_____　　_____

—

"사진을 찍어도 되나요?", "음료수를 가지고 들어가도 되나요?" 등 '~해도 되다'라는 표현을 연습해볼까요? 이밖에 소유물이 복수일 때의 소유 관계를 표현하는 방법에 대해 알아보겠습니다.

Szabadidő

여가 시간

Minsu	**Jó napot kívánok! Mennyibe kerül a belépőjegy?**
	요 나폿 키바녹 매니배 캐를 어 배레이푀예지
Jegypénztáros	**1500 forintba.**
	애재르외트사즈 포린트버
Minsu	**Két felnőtt jegyet kérek. Fényképezhetek?**
	케이트 펠뇌트 얘재트 케이랙 페이뉴케이패즈해택
Jegypénztáros	**Igen. Kér magnós idegenvezetést?**
	이갠 케이르 머그노쉬 이대갠왜재테이쉬트
Minsu	**Nem, köszönöm. Hánykor zárnak?**
	냄 쾨쇠뇜 하뉴코르 자르넉
Jegypénztáros	**Hatkor, de hétig maradhatnak.**
	허트코르 대 헤이틱 머러드허트넉
	A ruhatárban hagyhatják a csomagjaikat.
	어 루하타르번 허즈허자크 어 초머그여이커트
Minsu	**Köszönjük.**
	쾨쇠뉴크
Jegypénztáros	**Itt vannak a jegyeik. Kellemes időtöltést!**
	이트 번넉 어 얘재이크 캘래매쉬 이되퇴르테이쉬트

민수	안녕하세요. 입장료는 얼마예요?
매표원	1500포린트입니다.
민수	어른표 2장 주세요. 사진을 찍어도 되나요?
매표원	네. 오디오 가이드를 드릴까요?
민수	아니요. 괜찮아요. 몇 시에 마감하나요?
매표원	입장은 6시에 마감하고, 관람은 7시까지 하실 수 있습니다. 짐을 옷 보관소에 맡기실 수 있습니다.
민수	감사합니다.
매표원	(당신들의) 입장표는 여기 있어요. 즐거운 시간 보내시길 바랍니다.

- □ mennyi 얼마
- □ kerül 값이 얼마로 되다
- □ mennyibe kerül? ~ 얼마예요?
- □ belépőjegy 입장료
- □ felnőtt jegy 어른표

- □ fényképez 사진을 찍다
- □ magnós idegenvezetés 음성 안내
- □ zár 닫다
- □ marad 머무르다

- □ ruhatár 옷 보관소
- □ hagy 두고 가다
- □ csomag 짐
- □ időtöltés 시간 보내기

어휘

● Szórakozás / 오락

MP3 15-2

mozi	영화관	színész	배우
film	영화	színház	극장
thriller	스릴러	tragédia	비극
vígjáték / komédia	코미디	musical	뮤지컬
romantikus komédia	로맨틱 코미디	opera	오페라
horrorfilm	공포 영화	balett	발레
dokumentumfilm	다큐멘터리	színdarab	연극
rajzfilm	애니메이션	múzeum	박물관
háborús film	전쟁 영화	szépművészeti múzeum	미술관
western film	서부 영화	kiállítás	전시회
sci-fi	공상 과학 영화	belépődíj	입장료
külföldi film	외국 영화	modern művészet	현대 미술
felirat	자막	festmény	그림

● Művészet / 예술

képzőművészet	미술	szobor	조각
fazekasság	도예	szobrász	조각가
kerámia	도자기	fotóművészet	사진술
porcelán	도자기	színészet	극예술
fazekas	도공	zeneművészet	음악 예술
kézművesség	수공예	zeneiskola	음악 학교
táncművészet	행위 예술	zenész	음악가
tradicionális tánc, néptánc	전통춤	festészet	회화
moderntánc	현대 무용	festő	화가
szobrászat	조형 예술	festmény	그림

문법

Ⓐ van/nincs 있다/없다

'있다', '없다'는 **van**, **nincs**를 사용하며, 소유물에는 소유 인칭 어미를 붙인다.

Van/Nincs autóm.	나는 자동차가 있다/없다.
Van/Nincs autója.	그는 자동차가 있다/없다.
Van/Nincs autónk.	우리는 자동차가 있다/없다.
Van/Nincs autótok.	너희는 자동차가 있다/없다.
Van egy tollad?	너는 펜이 하나 있어?
Új autótok van?	너희는 새로운 자동차가 있어?
Nincs kutyánk.	우리는 개가 없다.

소유자를 표시할 때는 소유자에 격조사 **-nak/nek**를 붙인다. 후설 모음 단어에는 **-nak**, 전설 모음 단어에는 **-nek**를 붙인다.

Minsunak nincs barátnője.	민수는 여자친구가 없다.
A barátomnak új telefonja van.	내 친구는 새로운 휴대폰이 있다.

격조사에 인칭어미를 붙여 **nekem, neked, neki, nekünk, nektek, nekik** 형태로도 쓸 수 있다.

Nekem jó állasom van.	나는 좋은 일자리가 있다.

van/nincs의 과거형은 **volt/nem volt**, 미래형은 **lesz/nem lesz**이다.

Régen volt egy szép házunk.	우리는 옛날에 예쁜 집이 있었다.
Nem volt kertünk.	우리는 마당이 없었다.
Minsunak lesz nemsokára új állása.	민수는 곧 새로운 일자리가 있을(생길) 것이다.

Ⓑ 소유 관계 표현(복수)

소유물이 복수일 때는 복수 기호 **i**를 넣은 후에 소유 인칭 어미를 붙인다. 이때 단어가 모음으로 끝나면 **i**만 넣고 소유 인칭 어미를 붙이고, 자음으로 끝나면 발음을 쉽게 하기 위해 **i** 앞에 삽입 모음 **a, e**를 넣고 인칭 어미를 붙인다.

az én könyveim	a könyveim	나의 책들
a te testvéreid	a testvéreid	너의 형제들
az ő ceruzái	a ceruzái	그/그녀의 연필들
a mi nagyszüleink	a nagyszüleink	우리의 조부모님들
a ti szüleitek	a szüleitek	너희들의 부모님들
az ő autóik	az autóik	그들의 자동차들

● 소유물이 모음으로 끝나는 경우

소유물이 단모음 a, e로 끝날 때는 각각 장모음 á, é로 바꾸고 소유 인칭 어미를 붙인다. i로 끝나는 명사의 경우에는 복수 기호 i 대신 -jai, -jei를 붙이고 인칭 어미를 붙인다.

– 소유 인칭 어미(복수)

소유자	후설 모음 명사	전설 모음 명사	원순 모음 명사
én	-im, -jaim	-im, -jeim	-im, -jeim
te	-id, -jaid	-id, -jeim	-id, -jeim
ő	-i, -jai	-i, -jei	-i, -jei
mi	-ink, -jaink	-ink, -jeink	-ink, -jeink
ti	-itok, -jaitok	-itek, -jeitek	-itek, -jeitek
ők	-ik, -jaik	-ik, -jeik	-ik, -jeik

소유자	alma 사과	cipő 신발	szeplő 주근깨
én	almáim 나의 사과들	cipőim 나의 신발들	szeplőim 나의 주근깨들
te	almáid 너의 사과들	cipőid 너의 신발들	szeplőid 너의 주근깨들
ő	almái 그의 사과들	cipői 그의 신발들	szeplői 그의 주근깨들
mi	almáink 우리의 사과들	cipőink 우리의 신발들	szeplőink 우리의 주근깨들
ti	almáitok 너희의 사과들	cipőitek 너희의 신발들	szeplőitek 너희의 주근깨들
ők	almáik 그들의 사과들	cipőik 그들의 신발들	szeplőik 그들의 주근깨들

문법

● 소유물이 자음으로 끝나는 경우

① 단어 끝에 -ai/ei 를 붙이고 인칭 어미를 붙인다.

② 단어가 -d, -k, -m, -r, -p, -t로 끝나는 경우에는 -jai/jei를 붙이고 인칭 어미를 붙인다.

　불규칙: barát (친구), szomszéd (이웃사람), füzet (공책)

소유자	후설 모음 명사	전설 모음 명사	원순 모음 명사
én	-aim, -jaim	-eim, -jeim	-eim, -jeim
te	-aid, -jaid	-eid, -jeid	-eid, -jeid
ő	-ai, -jai	-ei, -jei	-ei, -jei
mi	-aink, -jaink	-eink, -jeink	-eink, -jeink
ti	-aitok, -jaitok	-eitek, -jeitek	-eitek, -jeitek
ők	-aik, -jaik	-eik, -jeik	-eik, -jeik

소유자	barát 친구	kert 마당	könyv 책
én	barátaim 나의 친구들	kertjeim 나의 마당들	könyveim 나의 책들
te	barátaid 너의 친구들	kertjeid 너의 마당들	könyveid 너의 책들
ő	barátai 그의 친구들	kertjei 그의 마당들	könyvei 그의 책들
mi	barátaink 우리의 친구들	kertjeink 우리의 마당들	könyveink 우리의 책들
ti	barátaitok 너희의 친구들	kertjeitek 너희의 마당들	könyveitek 너희의 책들
ők	barátaik 그들의 친구들	kertjeik 그들의 마당들	könyveik 그들의 책들

ⓒ 소유 인칭대명사의 복수형

	소유 인칭대명사(복수)		소유 인칭대명사(복수)
én	enyéim 나의 것들	mi	mieink 우리의 것들
te	tieid 너의 것들	ti	tieitek 너희의 것들
ő/Ön	övéi 그/그녀의 것들 Önéi 당신의 것들	ők/Önök	övéik 그들/그녀들의 것들 Önökéi 당신들의 것들

Kiké ezek a ruhák? 이 옷들은 누구들 거예요?

A tieitek. 너희들 거야.

Ezek a ti ruháitok. 이것은 너희들의 옷이야.

ⓓ '가능'을 의미하는 -hat, -het

-hat, -het은 '가능성'이나 '허락'을 표현할 때 쓰는 어미이다. 모든 동사의 어간에 붙일 수 있으며, 현재형, 과거형, 조건형 등의 인칭 어미는 -hat, -het를 붙인 후에 붙인다. 규칙 동사의 경우, 후설모음 동사의 어간에는 -hat, 전설 모음 동사의 어간에는 -het를 붙인다. 불규칙 동사의 경우에는 동사마다 다르게 변하므로 따로 외워야 한다.

Segíthetünk? 우리가 도와드릴까요?

Becsukhatjuk az ajtót? 우리는 문을 닫아도 될까요?

Nem ihatok alkoholt. 나는 술을 마시면 안 돼요.

Megihatod a sört. 너는 맥주를 마셔도 돼요.

Megeheted a szendvicsemet. 너는 나의 샌드위치를 먹어도 돼요.

Elmehetsz a buliba. 너는 파티에 가도 돼요.

① 규칙 동사

fest	+ het	→	festhet	칠해도 된다 / 칠할 수 있다
áll	+ hat	→	állhat	서도 된다 / 설 수 있다
ül	+ het	→	ülhet	앉아도 된다 / 앉을 수 있다
dob	+ hat	→	dobhat	던져도 된다 / 던질 수 있다
vásárol	+ hat	→	vásárolhat	쇼핑해도 된다 / 쇼핑할 수 있다

● 규칙동사 + -hat/-het

	akar 원하다	
	현재형 1변화	hat + 현재형 1변화
én	akarok	akarhatok

te	akarsz	akarhatsz
ő/Ön	akar	akarhat
mi	akarunk	akarhatunk
ti	akartok	akarhattok
ők/Önök	akarnak	akarhatnak

	tanul 공부하다	
	과거형 1변화	hat + 과거형 1변화
én	tanultam	tanulhattam
te	tanultál	tanulhattál
ő/Ön	tanult	tanulhatott
mi	tanultunk	tanulhattunk
ti	tanultatok	tanulhattatok
ők/Önök	tanultak	tanulhattak

② -ik 동사

1변화 1인칭 단수의 경우, 어미 -m는 -k로 변화한다.

utazom 나는 여행하다 → utazhatok   utazhatom (✕)

1변화 3인칭 단수의 경우, 어미 -ik를 뺀다.

dolgozik 그는 일하다 → dolgozhat   dolgozhatik (✕)
lakik 나는 거주하다 → lakhat   lakhatik (✕)

tornázik	tornázhat	운동해도 된다 / 운동할 수 있다
utazik	utazhat	여행해도 된다 / 여행할 수 있다
dolgozik	dolgozhat	일해도 된다 / 일할 수 있다

③ 불규칙 동사 + -hat/-het

jön	jöhet	와도 된다 / 올 수 있다
megy	mehet	가도 된다 / 갈 수 있다
eszik	ehet	먹어도 된다 / 먹을 수 있다
iszik	ihat	마셔도 된다 / 마실 수 있다
mosakodik	mosakodhat	씻어도 된다 / 씻을 수 있다
lesz	lehet	있어도 된다 / 있을 수 있다
hisz	hihet	믿어도 된다 / 믿을 수 있다
visz	vihet	가져가도 된다 / 가져갈 수 있다
fürdik	füröd het	목욕해도 된다 / 목욕할 수 있다
tesz	tehet	해도 된다 / 할 수 있다

● 불규칙 동사의 두 가지 형태

두 형태가 의미나 용법에서 차이는 없다.

alszik	alhat	자도 된다 / 잘 수 있다
	aludhat	
fekszik	fekhet	누워도 된다 / 누울 수 있다
	feküdhet	
nyugszik	nyughat	쉬어도 된다 / 쉴 수 있다
	nyugodhat	

Minsu is jöhet velünk moziba? 민수도 우리랑 같이 영화관에 와도 돼요?

Ő nem ehet édességet. 그는 과자를 먹으면 안 돼요.

연습문제

1. 다음 명사에 소유 인칭 어미를 붙이세요.

소유자	könyv 책	telefon 휴대폰	virág 꽃
én			
te			
ő / Ön			
mi			
ti			
ők / Önök			

소유자	bicikli 자전거	táska 가방	kutya 강아지
én			
te			
ő / Ön			
mi			
ti			
ők / Önök			

2. 다음 동사의 현재형 1변화형에 -hat, -het를 붙이세요.

소유자	olvas	ad	tanul
én			
te			
ő / Ön			
mi			
ti			
ők / Önök			

3. 다음 괄호 안의 단어에 알맞은 소유 인칭 어미를 붙여 빈칸을 채우세요.

(1) Az én _____ (könyv) az asztalon vannak. 나의 책들은 책상 위에 있다.

(2) A te _____ (könyv) az asztalon vannak. 너의 책들은 책상 위에 있다.

(3) Az ő _____ (kalap) a szekrényben vannak. 그의 모자들은 옷장에 있다.

(4) A mi _____ (autó) nem újak. 우리의 자동차들은 새롭지 않다.

(5) A mi _____ (barát) kedvesek. 우리의 친구들은 너무 착하다.

(6) A te _____ (barát) kedvesek. 너의 친구들은 너무 착하다.

4. 다음 표를 보고 〈보기〉와 같이 '있다/없다' 내용의 문장을 쓰세요.

táska	✓	bicikli	✓
pénztárca	X	mobiltelefon	X
autó	X	számítógép	✓

보기	Van táskám.

(1) _____

(2) _____

(3) _____

(4) _____

(5) _____

연습문제 **정답**

연습문제 정답

LECKE 01

1.

(1) az orvos 의사   (2) a nővér 간호사

(3) az ügyvéd 변호사   (4) a tanár 선생님

(5) a diák 학생   (6) az óra 수업

(7) a kabát 코트   (8) a tányér 접시

(9) az ablak 창문   (10) a macska 고양이

(11) a kutya 개   (12) a mérnök 기술자

(13) a híd 다리   (14) az újságíró 기자

(15) az alma 사과   (16) a szekrény (옷)장

(17) az ágy 침대   (18) a takarítónő 청소부

2.

(1) Én tanár vagyok. 나는 선생이다.

(2) Te diák vagy. 너는 학생이다.

(3) Mi mérnökök vagyunk. 우리는 기술자들이다.

(4) Ő ügyvéd –. 그/그녀는 변호사이다.

(5) Ti nővérek vagytok. 너희들은 간호사들이다.

(6) Ők koreaiak –. 그들은 한국 사람들이다.

(7) Ő magyar –. 그/그녀는 헝가리 사람이다.

(8) Én építész vagyok. 나는 건축가이다.

(9) Mi amerikaiak vagyunk. 우리는 미국 사람들이다.

(10) Ti orvosok vagytok. 너희들은 의사들이다.

3.

(1) John Smith amerikai mérnök.
John Smith는 미국 기술자이다.

(2) Fabian Müller német orvos.
Fabian Müller은 독일 의사이다.

(3) Pierre Bernand francia rendőr.
Pierre Bernand는 프랑스 경찰관이다.

(4) Naoko Satou japán ápolónő.
Naoko Satou는 일본 간호사이다.

4.

(1) 존은 기술자입니까?
→ Igen, John mérnök. 네, 존은 기술자입니다.

(2) 파비안은 의사입니까?
→ Igen, Fabian orvos. 네, 파비안은 의사입니다.

(3) 나오코는 프랑스 사람입니까?
→ Nem, Naoko nem francia.
아니요, 나오코는 프랑스 사람이 아닙니다.

→ Nem, Naoko japán.
아니요, 나오코는 일본 사람입니다.

(4) 피에르는 일본 사람입니까?
→ Nem, Pierre nem japán.
아니요, 피에르는 일본 사람이 아닙니다.

→ Nem, Pierre francia.
아니요, 피에르는 프랑스 사람입니다.

LECKE 02

1.

(1) Az iskola nagy és tágas.
학교는 크고 넓다.

(2) A húgom vékony és fiatal.
내 여동생은 날씬하고 어리다.

(3) A könyv nehéz és régi.
책은 무겁고 낡았다.

(4) Az autó új és gyors.
자동차는 새롭고 빠르다.

(5) A kutya és a macska aranyos.
강아지와 고양이는 귀엽다.

2.

(1) ez a toll   (2) ez az ablak

(3) ez az ajtó   (4) ez az iskola

(5) az az alma   (6) az a ceruza

(7) az a mozi   (8) az a ház

3.

(1) tiszta 깨끗하다 – koszos 더럽다

(2) hideg 춥다 – meleg 덥다

(3) csendes 조용하다 – zajos 시끄럽다

(4) gyenge 약하다 – erős 튼튼하다

(5) drága 비싸다 – olcsó 싸다

(6) gyors 빠르다 – lassú 느리다

(7) kényelmes 편하다 – kényelmetlen 불편하다

(8) **érdekes** 재미있다 – **unalmas** 재미없다

(9) **boldog** 행복하다 – **szomorú** 슬프다

⑩ **új** 새롭다 – **régi** 낡다

4.

(1) ③   (2) ③   (3) ①

> 부다페스트는 작다. 부다페스트는 덥다. 부다페스트는 재미있는 도시이다.

LECKE 03

1.

(1) **Az ágy az ablak** mellett **van.** 침대는 창문 옆에 있다.

(2) **A szekrény a dobozok** mellett **van.**
옷장은 박스들 옆에 있다.

(3) **A fotel** mögött **van a szekrény.** 옷장은 소파 뒤에 있다.

(4) **Az asztal** alatt **van a macska.** 고양이는 식탁 밑에 있다.

(5) **A lámpa az asztal** felett **van.** 조명은 책상 위에 있다.

2.

párna	párnák	szép	szépek
tükör	tükrök	új	újak
asztal	asztalok	okos	okosak
szék	székek	tiszta	tiszták
ágy	ágyak	idős	idősek
kulcs	kulcsok	régi	régiek
autó	autók	világos	világosak

3.

(1) X   (2) ○   (3) X   (4) X   (5) ○

> 민수는 기숙사에서 살고 있다. 기숙사는 코르비누스 대학교 옆에 있다. 대학교 앞에 다리가 하나 있다. 대학교 뒤에 큰 시장이 하나 있다. 대학교 옆에 도서관도 있다. 도서관 앞에 우체국이 있다. 기숙사는 너무 좋은 동네에 있다.

4.

(1) **Én** is **koreai vagyok.**

(2) **Minsu németül** is **beszél.**

(3) **Tortát** is **kérek.**

(4) **Te** is **szép vagy.**

(5) **Peti angolul** is **tanul.**

LECKE 04

1.

(1) **tanul, ír, tud, él, beszél, lát, táncol, fut, emel, énekel, rak**

(2) **főz, mos, olvas, néz, hoz**

(3) **találkozik, utazik, dolgozik, tornázik, aggódik, lakik**

(4) **fest, tanít, mond, dönt, fordít, javít**

(5) **megy, jön, alszik, eszik, iszik, visz, vesz**

2.

(1) **iszik**	(2) **alszik**	(3) **takarít**
ők isznak	**ő** alszik	**én** takarítok
te iszol	**ti** alszotok	**mi** takarítunk
(4) **hallgat**	(5) **dönt**	(6) **megy**
én hallgatok	**te** döntesz	**mi** megyünk
ti hallgattok	**ő** dönt	**ők** mennek
(7) **ad**	(8) **kér**	(9) **főz**
ő ad	**én** kérek	**te** főzöl
mi adunk	**ők** kérnek	**ti** főztök

3.

(1) **Hol** laksz? 너는 어디에서 살아?
   Melyik városban lakik? 그는 어떤 도시에서 살아?
   Messze laktok? 너희들은 멀리 살아?

(2) **Mikor** mennek **Magyarországra?**
   그들은 헝가리에 언제 가?
   Kedden mész **haza?** 너는 화요일에 집에 가?
   Hová megyünk **hétvégén?** 주말에 우리 어디 가?

4.

(1) **Minden reggel villamos**sal **megy az iskolába.**
   그는 아침마다 트램을 타고 학교에 가요.

(2) **Éva busz**szal **megy a piacra.**
   에바는 버스 타고 시장에 가요.

연습문제 정답

(3) **Mari Ferivel utazik Amerikába.**
마리는 페리와 함께 미국에 여행하러 가요.

(4) **Autóval megyünk a moziba.**
우리는 자동차 타고 영화관에 가요.

(5) **Annával találkozom.**
나는 안나와 만나요.

(6) **Ceruzával írom a dolgozatot.**
나는 시험문제의 답을 연필로 써요.

LECKE 05

1.

barack 복숭아	barackot	paradicsom 토마토	paradicsomot
paprika 고추/ 피망	paprikát	körte 배	körtét
narancs 오렌지	narancsot	bor 와인	bort
hús 고기	húst	víz 물	vizet
liszt 밀가루	lisztet	eper 딸기	epret
tojás 계란	tojást	vaj 버터	vajat
tea 차	teát	sajt 치즈	sajtot

2.

(1) **iszik**
ők isszák
te iszod

(2) **tanul**
ő tanulja
ti tanuljátok

(3) **takarít**
én takarítom
mi takarítjuk

(4) **hallgat**
én hallgatom
ti hallgatjátok

(5) **olvas**
te olvasod
ő olvassa

(6) **akar**
mi akarjuk
ők akarják

(7) **ad**
ő adja
mi adjuk

(8) **kér**
én kérem
ők kérik

(9) **főz**
te főzöd
ti főzitek

3.

(1) **Egy könyvet (olvasok / olvasom).** 나는 책을 읽어요.

(2) **Este otthon (nézek / nézem) a tévét.**
난 저녁에 집에서 텔레비전을 봐요.

(3) **Étteremben (ebédelek / ebédelem).**
나는 식당에서 먹어요.

(4) **Mikor (iszunk / isszuk) kávét?**
우리는 언제 커피 한잔 해요?

(5) **Ki (szeret / szereti) a sört?**
맥주를 좋아하는 사람은 누구예요?

(6) **Holnap (veszek / veszem) egy szoknyát.**
나는 내일 치마를 사요.

(7) **(Kérsz / Kéred) sütit?** 너는 케이크를 먹을래?

(8) **Anna a szendvicset (eszik / eszi).**
안나는 샌드위치를 먹어요.

(9) **(Szeretek / Szeretem) a magyar nyelvet.**
나는 헝가리어를 좋아해요.

(10) **(Szeretek / Szeretem) a palacsintát.**
나는 팬케이크를 좋아해요.

4.

(1) **Ebben a házban laknak a koreai diákok.**
이 집에서 한국 학생들이 살아요.

(2) **A fotelban ülök és egy jó könyvet olvasok.**
나는 소파에 앉아 좋은 책 하나를 읽어요.

(3) **Koreában élek.** 나는 한국에서 살아요.

(4) **Reggel felöltözök.** 나는 아침에 옷을 입어요.

(5) **Reggel felveszek egy pólót.**
나는 아침에 셔츠 하나를 입어요.

(6) **Szereted a sört?** 너는 맥주를 좋아해?

(7) **Nem hívtok egy taxit?** 너희들은 택시를 부르지 않아?

(8) **Ebéd előtt mindig kezet mos.**
점심 전에 그는 항상 손을 씻어요.

LECKE 06

1.

(1) 06–30–451–3278
nulla hat – harminc – négyszázötvenegy –
háromezer – kétszázhetvennyolc
nulla hat – harminc – négyszázötvenegy –
harminckettő hetvennyolc

(2) 06–20–287–4613
nulla hat – húsz – kétszáznyolcvanhét –
négyezer – hatszáztizenhárom

nulla hat – húsz – kétszáznyolcvanhét –
negyvenhat – tizenhárom

(3) 06–70–123–8852

nulla hat – hetven – százhuszonhárom –
nyolcezer – nyolcszázötvenkettő

nulla hat – hetven – százhuszonhárom –
nyolcvannyolc ötvenkettő

(4) 06–30–569–0148

nulla hat – harminc – ötszázhatvankilenc –
nulla egy negyvennyolc

nulla hat – harminc – ötszázhatvankilenc –
nulla száznegyvennyolc

2.

(1) 9:00   Kilenc óra van.
(2) 10:05   Tíz óra öt perc van.
(3) 11:20   Tizenegy óra húsz perc van.
(4) 12:30   Tizenkét óra harminc perc van. /
            Fél egy van.
(5) 15:45   Tizenöt óra negyvenöt perc van. /
            Háromnegyed négy van.
(6) 2:00   Két óra van.
(7) 7:55   Hét óra ötvenöt perc van.
(8) 1:15   Egy óra tizenöt perc van. /
            Negyed kettő van.

3.

(1) Minsu délelőtt kilenckor sportol.
(2) Minsu délután kettőkor tanul.
(3) A film este nyolckor kezdődik.

4.

(1) December negyedikén. 12월 4일
(2) December tizedikén. 12월 10일
(3) December tizenhatodikán. 12월 16일

1.

fiatal 젊다	fiatalabb	a legfiatalabb
gyors 빠르다	gyorsabb	a leggyorsabb
okos 똑똑하다	okosabb	a legokosabb
lusta 게으르다	lustább	a leglustább
könnyű 가볍다/쉽다	könnyebb	a legkönnyebb
ügyes	ügyesebb	a legügyesebb 가장 유능하다
vékony	vékonyabb 더 날씬하다	a legvékonyabb
kövér 뚱뚱하다	kövérebb	a legkövérebb
messze	messzebb 더 멀다	a legmesszebb
vidám	vidámabb	a legvidámabb 가장 기쁘다
csúnya 못생기다	csúnyább	a legcsúnyább
meleg	melegebb	a legmelegebb 가장 따뜻하다

2.

〈보기〉 고양이는 사자보다 작다.

(1) A repülő gyorsabb, mint az autó.
비행기는 자동차보다 빠르다.
(2) A könyv nehezebb, mint a füzet.
책은 공책보다 무겁다.
(3) A csoki finomabb, mint a zöldség.
초콜릿은 야채보다 맛있다.
(4) A tó kisebb, mint a tenger.
호수는 바다보다 작다.
(5) A hegy nagyobb, mint a domb.
산은 언덕보다 크다.

3.

(1) A csiga a leglassabb állat.
달팽이는 가장 느린 동물이다.
(2) A róka a legravaszabb állat.
여우는 가장 영악한 동물이다.
(3) A bagoly a legbölcsebb állat.
올빼미는 가장 현명한 동물이다.

연습문제 정답

(4) **A zsiráf a** legmagasabb **állat.**
기린은 키가 가장 큰 동물이다.

(5) **A hangya a** legszorgalmasabb **állat.**
개미는 가장 부지런한 동물이다.

4.

> 〈보기〉 **Minsu helyes férfi.** 민수는 잘생긴 남자다.
> **Minsu helyesen beszél magyarul.**
> 민수는 헝가리어를 잘 말한다.

(1) **Az autó gyors.** 자동차는 빠르다.
Peti gyorsan **vezet.** 페티는 빠르게 운전한다.

(2) **Az egér fürge.** 쥐는 신속하다.
Az egér fürgén **szalad.** 쥐는 신속하게 뛴다.

(3) **A torta finom.** 케이크는 맛있다.
Anyu finoman **főz.** 엄마는 맛있게 요리한다.

(4) **Ez a feladat könnyű.** 이 과제는 쉽다.
Ezt a feladatot könnyen **megoldom.**
이 과제를 쉽게 푼다.

(5) **A busz lassú.** 버스는 느리다.
A busz lassan **megy.** 버스는 느리게 간다.

(6) **A zene hangos.** 음악은 시끄럽다.
Minsu hangosan **hallgatja a zenét.**
민수는 음악을 시끄럽게 듣는다.

LECKE 08

1.

> 〈보기〉
> **A Paprika Intercity kilenc óra harmincöt**
> **perckor indul Budapest Nyugati pályaudvarról.**
> 파프리카 인터시티 급행 열차는 9시 35분에 부다페스트 뉴가티 역에서
> 출발한다.

(1) **A Paprika Intercity** hat óra harmincöt **perckor**
indul Debrecenből.
파프리카 인터시티 급행 열차는 6시 35분에 데브레첸에서 출발한다.

(2) **A Paprika Intercity** nyolc óra kilenc **perckor**
indul Sopronból.
파프리카 인터시티 급행 열차는 8시 9분에 쇼프론에서 출발한다.

(3) **A Buda Intercity** tizenhárom óra negyvenöt
perckor indul Budapest Nyugati pályaudvarról.
부다 인터시티 급행 열차는 13시 45분에 부다페스트 뉴가티 역에서 출발
한다.

(4) **A Buda Intercity** tizenkét óra harmincöt
perckor indul Debrecenből.
부다 인터시티 급행 열차는 12시 35분에 데브레첸에서 출발한다.

(5) **A Buda Intercity** tizennégy óra kilenc perckor
indul Sopronból.
부다 인터시티 급행 열차는 14시 9분에 쇼프론에서 출발한다.

2.

> 〈보기〉
> **Minsu nyolctól fél kilencig reggelizik.**
> 민수는 8시부터 8시 반까지 아침 식사를 한다.

(1) **Minsu** kilenctől délután egyig **tanul.**
민수는 9시부터 오후 1시까지 공부한다.

(2) **Minsu** kettőtől négyig **házi feladatot csinál.**
민수는 2시부터 4시까지 숙제를 한다.

(3) **Minsu** négytől ötig **tornázik.**
민수는 4시부터 5시까지 운동한다.

(4) **Minsu** hattól nyolcig **filmet néz.**
민수는 6시부터 8시까지 영화를 본다.

(5) **Minsu** nyolctól tízig **számítógépezik.**
민수는 8시부터 10시까지 컴퓨터를 한다.

(6) **Minsu** tíztől reggel hétig **alszik.**
민수는 10시부터 아침 7시까지 잠을 잔다.

3.

Honnan jöttök? 어디에서 왔어요?		Hova mentek? 어디로 가요?		Hol vagytok most? 지금 어디에요?	
Magyarországról	헝가리에서	repülőtérre	공항으로	Angliában	영국에
Koreából	한국에서	Japánba	일본으로	Szöulban	서울에
Budapestről	부다페스트에서	Szegedre	세게드로	postán	우체국에
egyetemről	대학교에서	buszmegállóba	버스정류장으로	bankban	은행에
könyvtárból	도서관에서	jegypénztárhoz	매표소로	repülőn	비행기에
magyaróráról	헝가리어 수업에서	iskolába	학교로	boltban	가게에
barátomtól	내 친구네서	Minsuhoz	민수네로	fodrásznál	미용실에

4.

(1) Korea**ból**

(2) Magyarország**on**

(3) kávézó**ban**

(4) asztal**on**

(5) könyvtár**ba**

(6) könyvtár**ban**

(3) A: Éva, voltál már Angliában?
에바, 전에 영국에 가본 적 있어?

B: Igen, már voltam. 응. 가본 적 있어.

(4) A: Anna, voltál már Amerikában?
안나, 전에 미국에 가본 적 있어?

B: Nem, még nem voltam. 아니. 가본 적 없어.

(5) A: Tamás, voltál már Németországban?
타마스, 전에 독일에 가본 적 있어?

B: Nem, még nem voltam. 아니. 가본 적 없어.

LECKE 09

1.

(1) **iszik**	(2) **eszik**	(3) **takarít**
ők ittak	ő evett	én takarítottam
te ittál	ti ettetek	mi takarítottunk
(4) **hallgat**	(5) **küld**	(6) **megy**
én hallgattam	te küldtél	mi mentünk
ti hallgattatok	ő küldött	ők mentek
(7) **van**	(8) **utazik**	(9) **áll**
ő volt	én utaztam	te álltál
mi voltunk	ők utaztak	ti álltatok

2.

(1) **Moziba** ment. 영화관에 갔어요.

(2) **Színházban** voltak. 극장에 있었어요.

(3) **Teniszezni** tanult.
테니스를 치는 방법을 배웠어요.

(4) **Kávézóban** ittam egy forró teát.
카페에서 따뜻한 차 한 잔 마셨어요.

(5) **Hegyet** másztak. 등산했어요.

(6) **A gyorsbüfében** ettünk egy nagy hamburger.
패스트푸드 식당에서 큰 햄버거를 먹었어요.

3.

(1) A: Peti, voltál már Japánban?
페티, 전에 일본에 가본 적 있어?

B: Nem, még nem voltam. 아니. 가본 적 없어.

(2) A: Naoko, voltál már Magyarországon?
나오코, 전에 헝가리에 가본 적 있어?

B: Igen, már voltam. 응. 가본 적 있어.

LECKE 10

1.

(1) (Megvetted / Megvettél) a koncertjegyeket?
너는 콘서트 티켓을 샀어?

(2) Minsu (felvett / felvette) egy szép öltönyt.
민수는 예쁜 양복 하나를 입었어.

(3) Egész nap őt (vártak / várták).
그들은 하루 종일 그를 기다렸다.

(4) (Olvastad / Olvastál) reggel a híreket az
újságban? 너는 신문에서 뉴스를 읽어봤어?

(5) (Kitakarítottatok / Kitakarítottátok) a lakást?
너희들은 집을 다 청소했어?

(6) (Bevettél / Bevetted) a gyógyszert?
너는 약을 먹었어?

(7) Tegnap Minsu (elolvasott / elolvasta) egy
könyvet. 민수는 어제 책 한 권을 다 읽었어.

(8) (Megfőzted / Megfőztél) az ebédet?
점심 식사를 다 만들었어(요리했어)?

2.

(1) Az iskolában megírtam a leckét.
나는 학교에서 숙제를 만들었어

(2) Megvetted a kedvenc könyvedet?
너는 제일 좋아하는 책을 샀니?

(3) Megtalálták az elveszett kulcsot.
그들은 잃어버린 열쇠를 찾았어.

(4) Megnézted azt a jó filmet a tévében?
너는 TV에서 그 좋은 영화를 봤니?

(5) Körbeutaztuk a világot.
우리는 세계여행을 갔어.

3.
(1) be**megy**　　(2) ki**jön**　　(3) el**törik**
(4) fel**ad**　　(5) el**olvas**　　(6) haza**megy**
(7) bele**néz**　　(8) fel**megy**　　(9) össze**fog**
(10) ide**jön**

4.
(1) Minsu nem kelt fel időben.
민수는 제 시간에 일어나지 않았다.
(2) Nem nyertük meg a versenyt.
우리는 경기를 이기지 않았다.
(3) Nem megy el az orvoshoz.
그는 의사에게 가지 않는다.
(4) Nem csináltam meg a házi feladatot.
나는 숙제를 다 안 했다.
(5) Nem megy haza óra után.
그는 수업 끝난 후에 집에 안 간다.

1.
(1) Holnap vizsgázni fogok.
나는 내일 시험을 볼 것이다.
(2) Hétvégén takarítani fog.
그는 주말에 청소할 것이다.
(3) Este el fogom olvasni a kedvenc könyvem.
나는 밤에 내가 제일 좋아하는 책을 다 읽을 것이다.
(4) Körbe fogjuk utazni Európát.
우리는 유럽 여행을 갈 것이다.
(5) Meg fogják csinálni a házi feladatot.
그들은 숙제를 할 것이다.
(6) Magyarországra fognak menni.
너희는 헝가리에 갈 것이다.

2.

〈보기〉 그는 밤에 영화관에 갈 것이다.

(1) Holnap pizzát fogok csinálni otthon.
나는 내일 집에서 피자를 만들 것이다.
(2) Jövő hónapban új városba fogunk költözni.
우리는 다음 달에 새 도시로 이사할 것이다.
(3) Jövő héten Koreába fogok menni.
나는 다음 주에 한국에 갈 것이다.
(4) Télen külföldre fog menni tanulni.
올해 겨울에 유학으로 외국에 갈 것이다.

3.

〈보기〉 민수는 시험에 떨어졌다. → 민수는 시험을 다시 볼 것이다.

(1) Éva és Peti összeházasodtak.
에바와 페티는 결혼했다.
→ Hamarosan nászútra fognak menni.
곧 신혼여행을 갈 것이다.
(2) Mostanában kicsit meghíztam.
나는 요새 살이 좀 쪘다.
→ Diétázni fogok. 나는 다이어트를 할 것이다.
(3) Minsu elvesztette a telefonját.
민수는 핸드폰을 잃어버렸다.
→ Rendőrségre fog menni.
민수는 경찰서에 갈 것이다.
(4) Koszos a lakás. 집이 더럽다.
→ Ki fogom takarítani a lakást.
나는 집을 청소할 것이다

4.

〈보기〉 나는 내 펜을 빌려줄 것이다.

(1) Minsu fel fog kelni időben.
민수는 제시간에 일어날 것이다.
(2) Meg fogjuk nyerni a versenyt.
우리는 경기를 이길 것이다.
(3) El fog menni az orvoshoz.
그는 병원에 갈 것이다.
(4) Vissza fogom kérni a könyvet.
나는 책을 돌려달라고 할 것이다.

(5) Meg fogom csinálni a házi feladatot.

나는 숙제를 할 것이다.

(6) Haza fog menni óra után.

그는 수업 끝난 후에 집에 갈 것이다.

(3) Pisti megy tornázni.

피쉬티는 운동하러 간다.

(4) Dávid megy vásárolni.

다비드는 쇼핑하러 간다.

4.

(1) Délután akarok tornázni.

(2) Párizsba akarok menni.

(3) Jól akarok beszélni magyarul.

(4) Haza akarok menni.

(5) Te jól tudsz úszni.

(6) Ők jól tudnak focizni.

LECKE 12

1.

tanul 공부하다	tanulni	jön 오다	jönni
fest 칠하다	festeni	alszik 잠을 자다	aludni
kirándul 소풍가다	kirándulni	vásárol 쇼핑하다	vásárolni
fut 뛰다	futni	tanít 가르치다	tanítani
megy 가다	menni	utazik 여행하다	utazni
mosogat 설거지하다	mosogatni	eszik 먹다	enni

2.

〈보기〉 Minsu szeret olvasni.

민수는 독서하는 것을 좋아한다.

(1) Minsu szeret utazni.

민수는 여행하는 것을 좋아한다.

(2) Minsu szeret főzni.

민수는 요리하는 것을 좋아한다.

(3) Minsu szeret filmet nézni.

민수는 영화 보는 것을 좋아한다.

(4) Minsu nem szeret sportolni.

민수는 운동하는 것을 좋아하지 않는다.

(5) Minsu utál takarítani.

민수는 청소하는 것을 싫어한다.

3.

〈보기〉 Éva megy bulizni. 에바는 파티하러 간다.

(1) Minsu megy randizni.

민수는 데이트하러 간다.

(2) Peti megy tanulni.

페티는 공부하러 간다.

LECKE 13

1.

	tanul	mos	kér
én	tanulnom	mosnom	kérnem
te	tanulnod	mosnod	kérned
ő	tanulnia	mosnia	kérnie
mi	tanulnunk	mosnunk	kérnünk
ti	tanulnotok	mosnotok	kérnetek
ők	tanulniuk	mosniuk	kérniük

2.

(1) Gyakran szoktam bulizni.

(2) Mindig ő szokta kivinni a szemetet.

(3) El szoktuk olvasni az újságot.

(4) Hány órakor szoktál felkelni?

(5) Hány óráig szoktatok iskolában lenni?

3.

〈보기〉 쓰레기를 버려야 한다.

(1) El kell mosogatnia.

설거지를 해야 한다.

(2) Rendet kell raknia.

집 정리를 해야 한다.

(3) Ki kell porszívoznia a lakást.
진공청소기를 돌려야 한다.

(4) Be kell vetnie az ágyat.
침대 이불을 정리해야 한다.

4.

〈보기〉 나는 내일 시험이 있다. → 나는 공부해야 한다.

(1) Koszos a lakás. 집은 더럽다.
→ Takarítania kell. 그는 청소해야 한다.

(2) Sok a munka. 그는 일이 많다.
→ Estig dolgoznia kell.
그는 밤까지 일해야 한다.

(3) Rosszul vagyok. 몸이 안 좋다.
→ Pihennem kell. 나는 쉬어야 한다.

(4) Kirúgták az állásából. 그는 해고 당했다.
→ Új munkát kell találnia.
그는 새로운 일을 찾아야 한다.

LECKE 14

1.

	táska	fej	virág
én	táskám	fejem	virágom
te	táskád	fejed	virágod
ő	táskája	feje	virága
mi	táskánk	fejünk	virágunk
ti	táskátok	fejetek	virágotok
ők/önök	táskájuk	fejük	viráguk

2.

(1) **könyvem**   (2) **könyved**   (3) **kabátja**
(4) **kabátunk**   (5) **házatok**   (6) **házuk**
(7) **autóm**   (8) **autónk**   (9) **biciklid**
(10) **biciklitek**

3.

〈보기〉 이 우산은 누구 거예요?
→ 이것은 내 거예요. / 이것은 나의 우산이에요.

(1) **Kié ez a toll?** 이 펜은 누구 거예요?
→ **Ez az övé.** 이것은 그의 것이에요.
→ **Ez az ő tolla.** 이것은 그의 펜이에요.

(2) **Kié ez a kabát?** 이 코트는 누구 거예요?
→ **Ez a tietek.** 이것은 너희 것이에요.
→ **Ez a ti kabátotok.** 이것은 너희 코트예요.

(3) **Kié ez a kutya?** 이 개는 누구 거예요?
→ **Ez a miénk.** 이것은 우리의 것이에요.
→ **Ez a mi kutyánk.** 이것은 우리의 개예요.

(4) **Kié ez a kocsi?** 이 자동차는 누구 거예요?
→ **Ez a tied.** 이것은 네 것이야.
→ **Ez a te kocsid.** 이것은 너의 자동차야.

(5) **Kié ez a táska?** 이 가방은 누구 거예요?
→ **Ez az övék.** 이것은 그들의 것이에요.
→ **Ez az ő táskájuk.** 이것은 그들의 가방이에요.

4.

(1) **Fáj a foga.** 이가 아프다.
(2) **Fáj a feje.** 머리가 아프다.
(3) **Fáj a torka.** 목이 아프다.
(4) **Köhög.** 기침하다.
(5) **Lázas.** 열이 나다.

LECKE 15

1.

소유자	könyv	telefon	virág
én	könyveim	telefonjaim	virágaim
te	könyveid	telefonjaid	virágaid
ő	könyvei	telefonjai	virágai
mi	könyveink	telefonjaink	virágaink
ti	könyveitek	telefonjaitok	virágaitok
ők/önök	könyveik	telefonjaik	virágaik

소유자	bicikli	táska	kutya
én	biciklijeim	táskáim	kutyáim
te	biciklijeid	táskáid	kutyáid
ő	biciklijei	táskái	kutyái
mi	biciklijeink	táskáink	kutyáink
ti	biciklijeitek	táskáitok	kutyáitok
ők/önök	biciklijeik	táskáik	kutyáik

2.

소유자	olvas	ad	tanul
én	olvashatok	adhatok	tanulhatok
te	olvashatsz	adhatsz	tanulhatsz
ő	olvashat	adhat	tanulhat
mi	olvashatunk	adhatunk	tanulhatunk
ti	olvashattok	adhattok	tanulhattok
ők/önök	olvashatnak	adhatnak	tanulhatnak

3.

(1) könyveim   (2) könyveid   (3) kalapjai
(4) autóink   (5) barátaink (6) barátaid

4.

> 〈보기〉 Van táskám. 나는 가방이 있다.

(1) Nincs pénztárcám. 나는 지갑이 없다.
(2) Nincs autóm. 나는 자동차가 없다.
(3) Van biciklim 나는 자전거가 있다.
(4) Nincs mobiltelefonom. 나는 휴대폰이 없다.
(5) Van számítógépem. 나는 컴퓨터가 있다.